人生が変わる

「感情」を整える本

和田秀樹

JN184005

祥伝社黄金文庫

本書は『感情をコントロールして人生をプラスに変える！』（二〇〇八年、辰巳出版刊）を大幅に加筆・修正し、文庫化したものです。

はじめに

「どうして、オレのいうことがきけないんだ！　バカヤロー」
「あれほど気をつけろといっていたのに、まったく！　もう頼めないな」
ビジネスの場で、額《ひたい》に青筋を立てて、こんなふうに怒りの感情を露《あら》わにする上司はいませんか？

もしあなたが部下の立場だったとすれば、自分に落ち度はあったとしても、もう少し別の対応をしてもらいたいと思うはずです。感情をぶつけてくる上司の指示に、素直に従う気にはなりません。逆に上司の立場から考えてみれば、その主張は正しいかもしれませせが、部下の信頼を得ることはできないでしょう。

ビジネスの場ばかりではありません。電車の乗り降りや人ごみの中でも、肩が触れた、動きが遅いといった些細《ささい》なことで怒鳴ったりする人もいます。

どちらも、自分の気にいらない他人のちょっとした言動に、生《なま》の不満や怒りをそのままぶつけてしまうのです。しかし、こういうスタンスでは、ものごとが好転することはありません。好転どころか、さらに双方の感情の対立を生じさせるだけです。

イソップ寓話《ぐうわ》のひとつである『北風と太陽』を思い出してみましょう。

旅人のマントを脱がせるためには、強く冷たい北風よりも太陽の温《あたた》かさが有効なのです。

では、人間関係において、温かな太陽のようにふるまうということは、どういうことなのでしょうか。

それは「感情を整える」ことにつきます。

感情を整えることが大切であるということは、だれでも知っています。しかし、何らかの出来事や他人の言動にカッとなって、不安や怒りの感情を露わにしてしまうことがあります。それによって、冷静な判断ができなくなり、事態をさらに悪化させてしまったり、人間関係が壊れたりしてしまいます。場合によっては、暴力に訴えてしまうこともあるかもしれません。

こうした事態を生まないためには、まず「感情を整える」が不可欠です。

ただ、ここでいう「感情を整える」は、不安から目を背《そむ》けろとか、怒りを抑えろということではありません。感情を生のままで表現するのではなく、なぜそうした感情が芽生えたかを冷静に検証し、その原因となったことを究明して、それを取り除くようにしようということなのです。

もちろん、他人に対して好感が持てるとか、ある出来事によってうれしくなったというようなプラスの感情については、取り除く必要はありません。

いまの世の中、何かの問題が生じたとき、あるいは自分の意に沿わない事態に直面したとき、生の感情にまかせて暴力的な言葉を口にしたり、実際に暴力に訴えたりする人が多くなっているように思えます。そうした行為はじつに稚拙《ちせつ》なことです。

そんなときは、怒りであれ、不満であれ、不安であれ、自分の中に芽生えた生の感情にすぐに振り回されそうになる自分にストップをかけてみましょう。まず「待てよ」と冷静になって向き合うスタンスをとることです。そうすれば、問題の解決策、好ましくない事態の改善策は見つかるはずです。

この「待てよ」こそ、感情を整えるためのスタートといえます。

感情そのものは、人間が生きていればつねに心に生じるものです。だからこそ、怒り、不満、不安といったマイナスの感情もきちんと整えて、それを生じさせた事態に対応しなければなりません。直面するさまざまな問題解決を容易にしますし、人間関係を円滑にすることにもなります。さらには、自分自身の進化の原動力になるものです。

感情を整えることで、イソップが教えてくれる「太陽」の賢さを身につけようではありませんか。

本書が感情に振り回されずに、感情を活《い》かす生き方をしたいと願う方々の一助になれば、著者としてうれしいかぎりです。

２０１７年2月

和田秀樹《わだひでき》

目次

第2章 感情をコントロールして失敗を防ぐ　51

第3章〈恋愛編〉男と女がモメる理由と対処法　77

第4章〈仕事編〉
精神的苦痛を受けたときの切り替え術

第5章〈人間関係編〉

信用と信頼を生む「感情生活」 143

第6章 感情を整えれば人生が変わる　181

装丁／中原達治

第1章

トラブルは「勝手な思い込み」から始まる！

人間の感情の動きと心理法則を知ろう

「まさか、この私がだまされるなんて！」

程度の差こそあれ、ほとんどの人がこんな思いをしたことがあるでしょう。そんなときは、誰でも、怒り、後悔、恨《うら》みなど、さまざまな感情が湧《わ》いてきて、とても穏やかな気分ではいられません。

そもそも、人はどうしてだまされてしまうのでしょうか。

「しっかりした判断力を持っていれば、誰もだまされることはない」

そういうのは簡単なことですが、多くの人がだまされてしまいます。その判断力は、どうすれば身につくのでしょうか。

当然といえば当然ですが、まず広い範囲にわたる知識を習得し、そして人間観察力を養《やしな》わなければなりません。そうすることで、他人にだまされる確率は低くなるかもしれません。

しかし、優秀な人も、経験が豊富な人も、知識が豊かな人でも、どう考えても必要のないものを購入してしまったり、判断を誤ってだまされてしまったりします。

それには、いろいろな心理的要因がありますが、経験や知識が豊富な人のほうが、むしろ判断を誤ることがあります。

本来、経験が豊富で高学歴の人ほど、的確な判断ができるはずです。

ところが、実際は経験が豊富な人ほど、大きなミスをしてしまうことがあるのです。

さて、経験も知識も豊富なのに、どうしてだまされたり判断ミスをしたりするのでしょうか。

それは、今まで持っていた知識に縛《しば》られてしまったり、自分の価値観にこだわってしまうあまり、自分の思考の枠組みから抜け出せなくなるからだと考えられます。自分以外の人の意見を聞かなかったり、いろいろな情報を受け入れられなくなったりする傾向があるのです。

自分は100%正しい、間違うはずがない、と思い込んでしまい、ほかの意見に耳を傾けたり、ほかの方法を考えてみようというスタンスが欠けているからです。

「まさか自分がだまされるなんて……！」

「私が失敗することなど、あるわけがない！」

現実に起こったことを冷静に受け止めることができないのです。

たとえば、「オレオレ詐欺《さぎ》」とか、「振り込め詐欺」などの電話がかかってきても、そんな人のスタンスは変わりません。「自分のところにはそんな電話がかかってくるはずがない」と、まったく疑いを持たずに対応してしまいます。

「事故を起こしてしまいお金が必要だから、現金を振り込んでほしい」

「友だちが借金をするときに保証人になってしまった。友だちが返済できないので、自分が返済することになった」

そんな息子や娘のフリをした犯人の言葉にもまともに応じてしまいます。そんな詐欺師たちの手口は日に日に巧妙になっています。役割分担をして、警察官や弁護士、鉄道関係者を装う者、交通事故の当事者や痴漢の被害者の身内を装い、被害を受けたと主張する者とそれを支援する者などに分かれて、巧みなグループワーキングで金銭をだましとろうとするのです。

世間でこれほどまでに詐欺事件の情報が出まわり、その手口や仕組みも公開されて気をつけるようにいわれていても、被害者は後を絶ちません。そのほとんどの原因は自分のこれまでの経験則だけで判断することにあります。

こうした場合、まず自分の経験則をいったん脇に置いて考えることが大切です。

「こんなことは、自分のこれまでの人生にはなかったことだ」

「自分の経験則の引き出しには、対応策はない」

そう考えてみることです。

そして、冷静になって問題点を整理してみなければなりません。

「息子がトラブルを起こした」

まず、この「事実」を検証することです。検証するということは、疑う視線を持つこと。予想もしなかった電話に正常な思考ができなくなっているかをチェックするのです。

そして、「ああ、大変だ」「息子が困っている」などという困惑、心配の感情に支配されていると気づくことにつながります。

もし、疑う視線が少しでもあれば、そうした感情の支配から抜け出すことができるようになります。やがて、「事実」は「仮説」になります。いままで自分になかった考え方が生まれます。

「もしかして、仮説が間違っているのではないか」

こうなれば、トラブルの解決策の選択肢が広がります。

「警察官や弁護士が、示談金の交渉役になるだろうか」

「息子が友だちの保証人になることが、あるだろうか」

「まず、こちらから息子に電話してみよう」

「息子に会ってみよう」

こんな選択肢が生まれるはずです。

「前例主義」という考え方があります。

特に自分のことを頭がいいと思っている人は、以前にうまくいったことをもとに物事を考え、それと同じように行動したほうがリスクが少ないと決めつけてしまいます。これが前例主義です。

新しい知識やノウハウを受け入れて、新たな対処法を身につけなければならないのに、どうしてもこれまでの対処法やその成功の経験にとらわれてしまうわけです。

他人に対するスタンスも同様です。以前、親切にしてくれた人だから今回も大丈夫だ、などと相手を無条件に信用してしまいます。その結果、重大な過ちを犯すこともあります。

こうした前例主義の心理的弊害は、何も個人だけに生じるわけではありません。代表的なのはいわゆる「官僚主義」です。村役場で働く公務員から霞ヶ関の省庁の高級官僚に至るまで、彼らは前例のない事態に対して、その処方箋を見つけることがなかなかできません。「予期せぬこと」が苦手なのです。

新しい発想、新しい政策に対しても「前例がない」と及び腰になる傾向があります。前例がない事態に前例がない対応をして失敗することを怖れます。前例通りにやっていれば、かりに失敗したとしても、自分の責任が問われることがないからです。

大企業とて、そうした体質を持っています。

「うちの社はいままでも、こうしてきたから」

しかし、その考え方が許されるのは、それがいい結果を残したときだけにかぎられます。組織においても、さまざまな分野で次から次へと変化が生じる時代です。失敗するリスクを怖れて前例にこだわるのではなく、その前例が直面している事態に際しても本当に有効かどうかを考えなければならないのです。

実際、官庁であれ、大企業であれ、その組織の変化を怖れる感情によって、大きな失敗を招いたり、時代に取り残された対応しかできないケースがあるのです。

ある意味で、そうした組織も「だまされている」といってもいいかもしれません。

こうした結果を招かないためには、人間の感情の動きや心理法則を知っておくことが大事です。

それは、難しいことではありません。

「いま湧いてきた生の感情に支配されない」

このことを心がけましょう。

発想の転換の仕方や気持ちの切り替えを学び、ものの見方を広げていろいろな角度からの冷静な観察眼を持つようにすることです。

「できないこと」と「知らないこと」

人間は誰でも、自分の知識やスキルの未熟さを感じることがあります。ときにそのことで他人に対して嫉妬《しっと》の念を抱くこともあります。心理的にそうした状態に陥ると、感情を整えることがむずかしくなってしまいます。

その結果、「いつも不機嫌な人」になってしまうことがあります。

当たり前のことですが、「機嫌のいい人」は誰からも好かれますが、いつも「不機嫌な印象の人」は、周囲の人から敬遠されます。身近に相談できる人がいなくなれば、嫉妬やひがみ、うらやみなどのネガティブな感情にとらわれるようになりがちです。ミスやトラブルなど、起こったことのすべてを他人のせいにして、さらにネガティブ感情が生まれる……という、悪循環を起こします。

なぜ、そうした感情の悪循環が生じるのでしょうか。

それは、なによりも自分を客観的に見られないことが原因です。

自分を客観的に見直すことを、「メタ認知」といいます。第3章で詳しくご紹介しますが、ここでは、まず「自分を見つめ直すコツ」についてお話ししましょう。

「自分を見つめ直す」ための第一段階です。まず、自分の心の状態をチェックすることからはじめてみましょう。

そして、自分の「できること」と「できないこと」、「知っていること」と「知らないこと」を区別するのです。

「自分は何でもできる」

「いろいろなことを知っている」

多くの人がそう思いがちです。とくに年齢を重ねていくと、それまでの経験をもとに、知らないことでも簡単に判断したり、できないことを引き受けてしまったりする傾向が強くなります。

これは大変危険な兆候です。

過去の経験にとらわれると、たとえば初めて会った人、初めての分野にも、「わかったつもりで」向き合って判断してしまうことがあります。また、できないことを認めずに、大きなミスを引き起こしてしまうこともあるでしょう。仕事や勉強で背伸びをしてしまい、能力以上のことを引き受けてしまったり、大きな問題を抱え込んで失敗したりするかもしれません。その結果、大事な信用を失うことになるわけです。

結局、さまざまなマイナスの感情に振りまわされて、悪循環が続いて人間関係も悪化します。

そうならないためには、ありのままの自分を受け入れること。背伸びをしないで、今の自分の等身大の能力に見合った言動を心がけなければなりません。自分の「できること」「できないこと」と「知っていること」「知らないこと」を客観的に見極めることが大切です。

たとえば、仕事のシーンで考えてみましょう。

「自分は企画書の制作などのデスクワークは自信があるが、営業は苦手だ」「取引先との業務に関する折衝は得意だが、接待には自信がない」「経済学部出身だからマクロ経済ならわかるが、会社の財務はよくわからない」などということはよくあることでしょう。

それは特別なことではありません。プライドやメンツなどにこだわらず、できないことは素直に認めること。前向きなスタンスで「もっと成長したい」と考えるべきなのです。

「リスキーシフト」とは何か

「赤信号、みんなで渡れば怖くない」

多くの人たちは、自分の価値観や信念に反すると感じることでも、あえて異議を唱えることはせずに、多数派の側に立っていれば安心だと考える傾向があります。

「みんなで決めたのだから、大丈夫だ」

「あの人たちがやっているなら、私もやってみようかな……」

そんなふうに安易なスタンスをとってしまうことがあります。ほとんどの人にそうした傾向があるといっていいでしょう。

たしかに大部分の人が賛成していることに異議を唱えることは勇気が必要です。

こうした心理は多くの人たちの消費行動にも表われます。

「おとなりの奥さんがいいというものだから、私も買ってみよう」

よく考えもせずに必要のないものまで買ってしまったりした経験はだれにもあるでしょう。

店頭で人だかりができていると、何を売っているのか見たくなりませんか？

しかも、そこにいるみんなが次々とその商品を購入していたら、自分もほしくなりませんか？

結局、買ってきたけれど、よく考えたら必要なかった、ということが、誰にでもひとつやふたつはあるのではないでしょうか。

人間には、だれからも強制されなくても、ほかの人に意見を合わせようという「同調」という心理が自然と働いてしまうもの。

しかし、「みんながやっているなら、自分もやってみよう」という心理は、大きな危険をはらんでいます。

社会心理学に「リスキーシフト」という考え方があります。

これは、単独あるいは一部少数の人間の選択よりもたくさんの人で議論をした場合のほうが、よりリスクの高い結論を出してしまう可能性が大きい、という現象です。

たとえば、日ごろはどんなことに対しても慎重な姿勢を保ち、「石橋を叩いても渡らない」ほどの人が、多くの人が集まる場においては、まったく違った姿勢を見せたりすることがあります。これも「リスキーシフト」です。この「リスキーシフト」は社会心理学の用語で、個人としての穏健、慎重な性格、主張が、集団の中においては、その一部の人の極端、過激な言動に同調したりする、あるいはそれ以上に極端、あるいは過激になってしまう現象のことです。

「集団思考」の一つとされていますが、こうした現象は、私たちのまわりでもたびたび起こっています。

とくに政治の世界では起こりやすい現象です。

たとえば、過激な主張、過激な発言を繰り返す政治家が登場すると、はじめはとても批判的だった人が、その人間を支持する人たちに知らず知らずのうちに同調してしまうといった形で現われます。

政治の世界ばかりではありません。会社、組織においても同様です。たとえば、会社で今後の予算を決める会議などを考えてみてください。ある営業マンがいたとします。これまでも堅実な成果を上げてきた営業マンです。冷静な判断をもとにこれまでも、実現可能な数字を積みあげてきました。

しかし、かりに会議の空気がこれまでとまったく異なり、現実を無視したイキのいい声が支配的だったとしましょう。たとえば、あなたが景気の動向や自分の業界の前期の数字などから客観的に判断して、来期も「よくて前期並み」と考えていたとしましょう。自分では「売り上げ30％アップ」など絶対にムリだと確信しています。しかし、出席者の多くは強気の発言ばかりです。

「私は、売り上げを30％以上はアップできます」

そんなライバルの同僚たちの発言を聞いて、冷静さが影をひそめます。すると、少し前までは考えもしなかったことを口にしてしまうのです。

「私も30％アップを目指します」

実際に、それができるのなら何の問題もないのですが、場の雰囲気に影響されて口にした単なる希望的観測にすぎません。これでは会社の健全な経営など成り立つはずもありません。

会議は盛りあがって、出席者は心地よい興奮を味わっているかもしれません。しかし、ビジネスは希望的観測でうまくいくものではありません。

予算会議が「絵に描いた餅《もち》」で終わってしまったら、会社はとんでもないことになってしまいます。

近年、日本の大企業、それも世界レベルの企業において、経営陣の指導のもと粉飾決算が数年にわたって繰り返され、大きな社会問題になりました。その経営陣のほとんどは一流といわれる大学を出た人たちばかりです。

「いま赤信号ですよ」

もし、ひとりでも勇気をもってその言葉を口にする人がいたら、その企業も軌道修正ができたかもしれません。

「多数＝正義」ではないのです。そのことをつねに肝《きも》に銘じておかなければなりません。

「リスキーシフト」は一流とされる企業においても生じることがあります。不祥事を起こす大企業などでも多かれ少なかれ、こうした作用が働いているのではないでしょうか。集団で判断することの危険性を十分に頭に入れておかないと、大きな落とし穴に落ちてしまうことになりかねないのです。

どんな人間でも「認知」は歪《ゆが》む

何をもって「偏《かたよ》っている」というのか。

その議論はさておき、一つの物事に対して、先入観を捨て、可能なかぎり多方面から検証してみても、やはり「偏っている」と判断せざるを得ないということは間違いなくあります。

明らかにものの見方が偏っているような人の場合、その人の言動が周囲に大きな混乱を引き起こしたりすることがあります。また、そうした人が組織において、重要な意思決定者であったとしたら、その組織に壊滅的なダメージを与えてしまう危険性があります。

そうした「偏り」について、まずは「認知の歪み」という考え方からお話ししましょう。これは「不適応思考」と呼ばれるものの一つです。

ペンシルバニア大学の精神科の医者が、うつ病の治療にカウンセリング的な認知療法を生み出しました。

代表的なのは、アーロン・ベックという学者と、その後継者のアーサー・フリーマンという人です。彼らが、うつ病になりやすい人には、思考パターンに特徴があることを見つけ出したのです。

その研究はさらに進化をとげ、うつ病だけでなくパーソナリティ障害、拒食症や過食症などの摂食障害、そのほかの神経疾患などにも不適応思考が大きな原因だという見方が強まっています。

しかも、不適応思考は医学的に考えて明らかに障害が認められる人だけでなく、とくに障害が認められない人たちを対象にした研究もなされ、そうした人たちも不適応思考をすることがわかっています。

その不適応思考の中で、ものの見方が単純、偏りがちなタイプの代表的なものに「二分割思考」というものがあります。

二分割思考というのは、「白か黒」「敵か味方」というように、オール・オア・ナッシングの考え方をする人です。

たとえば、ある人に対して「自分にとって絶対に味方だ」と思って接し、相手を信用しすぎてだまされてしまう人。また、それとは逆に「この人は敵だ」と思って、何をしてもらっても信用しない人。これは典型的な「二分割思考」の人です。いずれのタイプも、人にだまされやすく、敵をつくりやすいタイプです。

また、少しでもいいところがあると感じた人に対しては、完全にいい人だと思い、少しでもいやなところがあると感じた人に対しては、100%悪い人だと考える人もいます。こうした心理的傾向を、「過度の一般化」といいます。

こういう人は、失敗をすると過度に反応し、ちょっとしたことでも完全な失敗だと感じてしまいます。失敗にはとても弱いタイプです。

そして、失敗に弱いだけではなく、うつ病になりやすいタイプとして「自己関連づけ」タイプの人がいます。このタイプの人は、うまくいったときには、「自分ががんばったからだ」と考えます。逆に失敗したときは、「全部が自分のせいだ」と責任を被ってしまうのです。こういう人は失敗すると過度に気持ちが落ち込みやすいタイプといえます。

かりに、あなたのまわりに明らかに「二分割思考」の人間がいたとします。友人であったり、ビジネスパートナーであったりすれば、スムーズなコミュニケーション、人間関係が結べません。そうした人に対して、きわめてシンプルかつ効果的なサジェスチョンの言葉あります。

「何事も、白か黒かではなく、灰色の部分があるんだよ」

また、もし自分がそのタイプだと感じたら、日ごろから灰色の部分があってもいい、と考える習慣を身につけることです。

「過度の一般化」をしやすい人にも同様にいいサジェスチョンの言葉があります。

「そうではなくて、こういうケースもあるよ」

「そうとはかぎらないよ」

そう教えてあげるといいのです。

失敗の原因は全部、自分にある、と考えてしまう人もいます。そんな人には、

「何でもあなたのせいではない」

とわからせてあげるといいわけです。

自分がこのタイプだったら、ものの見方をもう少し広く、さらに柔軟にしていくよう心がける必要があります。

この3つのほかにも不適応思考の思考パターンがありますので、簡単にご紹介します（P36～37参照）。

他人をうらやむとき、感情が判断を誤らせる

「となりの芝生は青い」とよくいわれ、他人のことがうらやましくなるのが人の心理です。

英語でもこんな言葉があります。

「The grass is always greener on other side of the fence」

これは、「向こう側の芝生はいつも、より緑に見える」と訳され、人のことが気になったり負けないようにしようとする感情を表わしています。

「負けていられるかっ！」

欧米人が、となりの家の芝生を見て、そう思うかどうかはわかりません。けれども、少なくとも他人が幸せに見えると自分も負けないようにする傾向は多かれ少なかれ、だれにもあるといっていいでしょう。しかし、人間の幸福は勝ち負けによって決

二分割思考

互いに相反する極端な二通りの見方で物事を判断し、「中間の灰色の部分」がない。

（例）成功でなかったら失敗だと考え、完全でなければまったくの失敗だとみなす。

過度の一般化

ある特定の出来事を、多くの出来事のひとつとして見ないで、人生における一般的な特徴であるとみなす。

（例）上司が思いやりに欠ける反応をたまたま示したからといって、ほかの事柄を考慮せず、もう上司は自分を見放したのだと結論してしまう。

選択的抽出

複雑な状況において、ある特定の側面に注意を注いでしまい、その状況に関係のあるほかの側面を無視する。

（例）現場の業務評価のときに受けたあるひとつの否定的な評価に焦点をあて、ほかの多くの肯定的な評価を見逃してしまう。

肯定的な側面の否定

否定的な人生観と相反するような肯定的な経験を、「大したことではない」などと言って否定する。

（例）友人や同僚から肯定的な反応を得たとしても、「みんなは親切からそう言っているだけだ」と考える。

読心

確定的な証拠もないのに、他人が否定的な反応をしていると思ってしまう。

（例）相手は礼儀正しく振る舞っているのに、「あの人は私のことを間抜けだと思っていた。それを私はよく承知している」などと考える。

占い

将来の出来事に対する否定的な予測を、まるで確立された事実のようにとらえて反応する。

（例）「あの人はきっと私を見捨てるのだ」と考えて、それが絶対の真実のように振る舞う。

出典：『認知療法臨床ハンドブック』Ａ・フリーマン他／著、高橋祥友／訳　金剛出版
※内容を損なわず、一部表記を変更しています。

不適応思考の思考パターン

破局視

将来生じる可能性のある否定的な出来事を、事実関係を正しく判断してとらえるのではなく、耐えることができない破局のようにみなす。

（例）怒られるのは不愉快で気まずいことかもしれないが、命をとられるほどのことではないと思わずに、「怒られたらこの世は終わりだ」などと考える。

縮小視

肯定的な特徴や経験が実際に起きたことは承知しているのに、とるに足らないものと考える。

（例）「仕事は順調だ。でもそれがどうしたっていうのだ。両親も私のことなどかまってくれないではないか」などと考える。

情緒的理由づけ

感情的な反応が必ず実際の状況を反応していると考える。

（例）絶望感を覚えているからといって、状況も実際にまったく希望がないものであると、決めてしまう。

「～すべき」という言い方

「～すべきである」「～しなければならない」という言い方が、動機や行動を支配している。

（例）「彼は私の上司なのだから、いついかなるときでも私は彼の言うことに従わなければならない」と考える。

レッテル貼り

ある特定の出来事や行為に言及するのではなく、自分自身に大雑把なレッテルを貼ってしまう。

（例）「ああ、ちょっと失敗してしまった」と考えるのではなく、「私はまったくの失敗者だ」と考える。

自己関連づけ

ほかの数々の要因が関連しているのに、自分こそが特定の出来事の原因であると考える。

（例）上司が自分に対して無愛想だった。実際には上司の知人が亡くなって動揺していたのに、上司が自分のことを快く思っていないのだと考えてしまう。

まるものではありません。いったんは、いくら他人がよく見えたとしても、自分と比較して、自分よりも優れていると思い込んだり、自分も同じことをしようと思っても、満足が得られるわけではありません。

その心理が、集団の中で悪い方向に働くことがあります。他人と比較して優劣にこだわることによって乱された感情が、冷静な判断をできなくさせるのです。

たとえば企業同士の合併などでも、もとはライバル同士だった社員の感情の対立が災いして、合併が失敗することがあります。成功した会社もありますが、ライバル同士の合併となると、両社の社員感情対立が生まれてしまうことがあります。それによってうまくいかないケースもあるわけです。

「あの会社にだけは、負けないようにやれ」などという考え方は健全に作用すればいいのですが、そうでない場合もあります。十分に注意をしなくてはなりません。

パニックに陥りやすい「自己関連づけタイプ」とは

「責任感が強い」

一般的にはほめ言葉ですが、その性格が災いすることがあります。

ものごとが順調に動いている場合はいいのですが、責任感が強い人はトラブルに巻き込まれたときに、過度に感情を乱してパニックに陥りやすいといえます。そういう人を「認知の歪み」という観点では、「自己関連づけタイプ」といいます。うつ病になりやすいパーソナリティだと考えられています。こうした人は、ものごとがうまくいっている間はとくに問題はありません。

「自分ががんばったから成功したのだ」

こういうプラス思考自体はけっこうなことです。しかし、問題はものごとがうまくいかなかったときです。

「全部、自分のせいだ」

そう考えてしまう傾向があります。そうした心理が過度に作用すると、パニックに陥ることがあります。

よく考えてみましょう。本来、組織においては、どんなことでも、誰かひとりの力で成功するということはあり得ません。反対に何か失敗したときも、全部が全部だれかのせいだ、ということもありません。にもかかわらず、こうしたタイプの人は、すべてを自己と関連づけて考えることしかできないのです。

このタイプの人は、ものごとがうまくいかなかったときには、過度に落ち込んだりします。ときにパニックに陥ったりするのです。

もし、あなた自身がそうした傾向があると感じるならば、ものごとの見方をもっと「柔らかくすること」を心がける必要があります。

「自分ががんばったから成功した」という考えも、もしかするとあなたひとりだけのものかもしれません。それと同時に、「全部、自分のせいだ」という考えもあなたひとりだけのものかもしれないのです。

責任感が強いこと自体は、プラスの評価の対象になります。しかし、それは程度問題です。ずいぶん前に流行《はや》った「無責任男」を推奨するつもりはありませんが、ものごとのすべてを自分に関連づけて考えるのは、意地悪な見方をすれば、かなり不遜《ふそん》なことでさえあります。

さらにいえば、責任感の強い人は過度の「かくあるべし思考」に陥りがちです。「〜しなければならない」「〜であるべきだ」というフレームの中でしか思考できないタイプともいえます。思考の「柔らかさ」「広さ」をもっと心したほうがいいでしょう。

「みんな自分が利口だと思っている。自分がバカだと思えばいいんだ。そうすれば、素直に他人に教わることできる」

亡くなった漫画家の赤塚不二夫《あかつかふじお》さんは、折あるごとにそんな意味のことを口にしていました。自分がバカだと思うことができれば「かくあるべし思考」からも解放されるのではないでしょうか。トラブルや失敗に強くなるには、日ごろから広く柔軟な視点を持つことが大事です。

すべてのトラブルは思い込みから始まる

ものごとに失敗したり、トラブルに巻き込まれたりする原因のひとつに、「過剰な決めつけ」があげられます。私たちは、それまでの経験、学習によって、ものごとについて何らかの決めつけをしてしまう傾向があります。

この「決めつけ」を認知心理学では、「スキーマ（固定観念）」といいます。

スキーマは、しばしば認知の歪みを生じさせます。その代表的なものに、血液型判断があります。

「A型の人は几帳面《きちょうめん》だ」

スキーマ（固定観念）の落とし穴

1
一致情報への選択的注意

↓

時間に正確なAさんは、やはり几帳面だ。

2
不一致情報の無視

↓

部屋が散らかっているのは、例外のことだ。

何かの間違いか、一時的なことだろう。

3
一致情報への記憶の促進

↓

待ち合わせの時間を守ったことだけが記憶に残る。

4
一致方向への記憶の歪み

↓

散らかっているものの中に見えているのは、システム手帳に違いない。

いつもシステム手帳でスケジュール管理をしているのは几帳面だからだ。

自分の周囲のA型の人が几帳面だった、とか、血液型を解説した書籍などを読んでそれを信じてしまう人がいます。思い込みが激しくて、思考がワンパターンになってしまいがちです。場合によっては、人に会うたびにその人の血液型を聞いて、自分の知っているパターンにあてはめようとしてしまいます。

「A型だから、時間には正確なはずだ」

「待ち合わせに遅れたのは、何か特別な理由があったからだ」

実際にその人は、几帳面ではないかもしれないのに、何の疑いもなく決めつけてしまうわけです。たとえ、その人が約束の時間に遅れたとしても、それはその人の性癖ではなく、一過性のものだと考えてしまうのです。その結果、その人の本質を見誤ることになります。

さらに「A型は几帳面だ」という思い込みのほうへ、さらに自分の記憶が歪んでしまうことさえあります。

そういう固定観念ができてしまうと、そのスキーマにあてはまらない考え方ができなくなってしまいます。

このタイプの人は、ものごとの「経過分析」がほとんどできません。

「失敗の原因は方法の選び方にあった。この方法を変えていこう」

こういう考え方ができません。

ただただ結果への失望と先行きへの不安だけが過度に積み重なっていきます。そのためにパニックに陥ったり、思考が停止したりしてしまいます。

そして、さらに気分が落ち込み、失敗に対処する能力も失います。ひとつの思い込みから、もっと悪い方向へと悪循環が起こってしまうのです。

感情を整えるためのチェックポイント

「決めつけ」あるいは「スキーマ（固定観念）」という思考が認知を歪めるというお話をしました。

そこで、歪んだ判断で大きな失敗をしないために、事前の知識として、「こうなったら要注意」という状態を知っておくことをおすすめします。

そのチェックポイントを2つ、ご紹介しましょう。

まずひとつ目は、「思い込み」です。何度も述べるように、多くの人は、最初はただの思い込みにすぎなかったものが「確信」になってしまい、疑問を差しはさむ心理面の余地がまったくなくなってしまいます。

2つ目は「完全主義」。仕事でもプライベートでも、完璧にしなければ気が収まらないという心理状態です。

なぜ「思い込み」が「確信」になってしまうのでしょうか。

たとえば恋人に電話をかけたとします。

「ちょっといま、忙しいからあとでかけ直す」

相手からそういわれたとします。すると、さまざまな不安の感情が芽生えます。

「私、何かしたかしら?」

「嫌われたのかもしれない」

「いま、ほかのだれかと一緒にいるのかも……」

何の根拠もない偏った「思い込み」が生まれます。そして、極端な選択をしてしまうのです。

本当に不安であれば、その不安の感情を生じさせた原因が事実に基づいたものなのか検証すればいいのですが、人間関係はそう単純なものではありません。

「私ってバカね。考えすぎよね」

そう考えて、不安な感情の増幅をシャットアウトできる人もいます。しかし、そうでない人もいます。

「そういえば、声の様子がいつもと違った」

「忙しい理由をいわなかった」

自分のなかに芽生えた小さな不安の感情を増幅させてしまう人もいます。完全に不安な感情に振り回されてしまうわけです。その結果、「単なる思い込み」をいつの間にか「確信」へと変質させてしまうのです。

「もう、別れるしかない」

実際は相手は、その電話のときには本当に忙しくて手が離せなかっただけなのです。

次に、「完全主義」についてです。

何をやるときでも100%の達成度を目標とします。

たとえ90%できていても、それでは不満です。そして、挙げ句の果てに、失敗と結論づけてしまいます。こうした心理に陥りやすいのは、どちらかといえば若い人です。年齢を重ねていれば、仕事でもプライベートでも、失敗をふくめてさまざまな経験を積んでいますから、10%の不備は想定内。心を乱すことはありません。しかし、若い人のなかには、その10%に対して心を乱す人もいます。

そんな完全主義の人は何をやっても、失敗にばかり目を向けます。その結果、気分が落ち込み、悪循環に陥ってしまいます。

たびたび述べますが、ものごとにはいい面と悪い面があります。

いまの「100%か90%か」の話の例でいえば、達成した90%はものごとのいい面、達成できなかった10%はものごとの悪い面といえるでしょう。完全主義に陥っている人は10%の部分にだけ焦点を当てて、不満という感情に振りまわされている人です。完全主義とは無縁の人は、90%という部分に焦点を当てて、満足という感情を得ている人です。

どちらが精神面において健全かといえば、「言わずもがな」でしょう。その比率が80%対20%であっても、50%対50%であっても、同様です。

完全を求めるスタンスは決して間違いではありませんが、完全が得られなかったという結果に対しては、基本的には楽天主義で臨むべきです。ものごとの悪い面だけに焦点を当てるスタンスは悲観主義を生み出します。

悲観主義からは、次のチャレンジへのパワーは決して生まれません。

第2章 感情をコントロールして失敗を防ぐ

詐欺《さぎ》に遭《あ》う人は「推論」ができない

まわりの人と比較しても、知識や経験は豊富なのに、なぜか、ミスを犯したり、だまされたり、トラブルに巻き込まれたりしてパニックに陥ることの多い人がいます。

それはなぜでしょうか。

知識や経験が豊富な人は、そうした自分に自信を持っていて自分の知識だけで答えを出そうとするからです。なぜでしょうか。

その自信が現実に裏打ちされたものではないからです。

いろいろな知識や理論を知っていたとしても、それがどんな状況にあてはまって、どう作用するか、影響力はどうか、よい結果を導き出すにはどうしたらいいか……など、応用して考えられなければ、何の役にも立ちません。

自分の持っている個別の知識を有機的に合体させたり、さまざまなシチュエーションにあてはめてみたりして、それが直面した現実に対して有効かどうか判断できなければなりません。それができなければ、ただの「知っていること」で終わってしまうわけです。

この作業を認知心理学では「推論」といい、推論できない人、結果を考えない人は、知識がいくら豊富でもしばしば判断ミスをすることになります。

コンピュータなら、さまざまな情報の処理方法をインプットしておけば、同じ問題には同じ答えを出すことができるでしょう。しかし、人間はそういうわけにはいきません。思考や判断力が感情によって左右され、その結果、ものごとの選択が異なってきます。

だれでも、テンションが上がっていて気分がいいときは、楽観的な推論をしやすいし、気持ちが落ち込んでいるときは、悲観的な推論をしがちです。そのときの気分によって判断の仕方や考え方が変わってしまう、というところがコンピュータと人間の決定的な違いです。

さらに、自分やほかのまわりの人より強いと感じる人の主張は正しいと感じてしまう、という現実もあります。特に、権威者がいうことには、納得がいかなくても同意してしまうこともあるでしょう。

相対的に知識や経験が豊富な人でも、感情が推論に大きな影響を与えることは間違いありません。

たとえば「振り込め詐欺」「オレオレ詐欺」などの被害者があとを絶たないのは、被害者たちの知識や経験が現実に対応できるレベルにないという一面も否定できません。現実に応じた推論がうまくできないからだとも考えられます。

問題解決ができる人は、たとえ、振り込め詐欺の電話に受け答えしてしまったとしても、いきなり結論を出しません。**伝えられた情報が真実か、自分の知識に偏りがないか、知識が足りているか、まずは検証することができるのです。**

そして、自分がその問題を解決するためには、どの程度の知識を持っているかを確認し、推論を組み立てます。自分が、相手の主張に振りまわされていないか、間違った推論をしていないかを自問するのです。そうすることで、相手から伝えられた情報の意図や虚偽性を見極めようとします。

これが、トラブルに巻き込まれたとき、パニックに陥らないためにいちばん大切なことです。

「論旨に一貫性はあるか？」
「自分の知識は本当に足りているのか？」
「この人（相手）は、本当に信用できるのか？」
「自分が出そうとしている結論は正しいのか？」

もし、同様の立場におかれたら、何度も自問自答してみましょう。

偏った知識だけでは判断を誤まる可能性もあります。

性急な判断を迫られたとき、ちょっと立ち止まって「待てよ」という視線を持ち、自己チェックをすることができれば、大きなトラブルに巻き込まれたり、さまざまな損失をこうむることはほとんどないといえるでしょう。

人間は他人の意見に合わせようとする

たとえば、スーパーやデパートに買い物にいったとき、「SALE」という文字を見たり、人だかりができていたりすると、そこに目がいきませんか？

大多数の人たちは、大きな集団が、何がしかの意思決定しているシーンに遭遇すると、その意思に同調しようとする傾向があります。

「あの人がいっているのだから、大丈夫だ」

「みんながいいといっているのだから、たぶんいいものなのだろう」

などというように、無意識のうちに他人の意見に合わせようと考えてしまいます。

社会心理学で有名なアッシュ博士の研究では、こんな実験があります。

線分を3つ描いておき、そのうちのどの線が、もう1枚に描かれた線と同じ長さか判断する実験です。3つの線は目の錯覚が起こることもありますが、実はどれも同じ長さです。よく観察すればだれでも正解ができるレベルの問題です。実際、一人ひとりに答えさせていくと約95％の正解率になるそうです。

同じ問題を、3人以上の「サクラ」を混ぜた集団の中で解答を求めると、正解率が約65％に落ちるというのです。

自分より前に答える人が、続けて間違えた答えをすると、自分の番が近づくにつれて不安になり、35％の人がつられて間違えてしまうそうです。

これは心理学的には「同調」という現象です。他人の意見に合わせようとする心理が働いてしまうのです。

この実験からもわかるように、多くの人が「いい」といっているものには、「いい」といいやすくなり、「悪い」というものには「いい」とはいいづらくなります。周囲の雰囲気や相手の話し方、話の持っていき方によって、自分の判断が大きく影響を受けるのです。

日本人は集団の「和」を重んじる傾向が強い民族といわれています。会社でも学校でも、自治会の集会でも、さまざまな集団の中では多数派の意見に流される現象が起こりやすいといえます。

もちろん、大勢の人の意見に合わせることが、必ずしも悪いわけではありません。しかし、自分なりの判断を迫られたときは、自分の考えが多数派であるか少数派であるかは度外視して、判断しなければなりません。ただ集団の判断に合わせるばかりでいると、責任は自分にはない、というような心理に陥り、いい加減な意思決定をすることになります。

「みんながやっているから、私も……」

そんな心理に陥ってしまい、その結果、判断ミスをしたりトラブルを生じさせたりすることになるかもしれません。

ちょっとした買い物ならあきらめもつきますが、大きな損失につながることもあります。

ですから、日ごろから、自分が少数派であったとしても、自分の意見に忠実な判断、選択を心がけるべきです。

「今、自分は何を本当に必要としているのか」

「多くの人はそういうが、はたしてそれが正しいのだろうか」

そう考えて、自分の意思を見直す習慣をつけましょう。


集団の中にいると、多数派の人たちは自分たちを正当化する意識がより高まります。反発する人ははじき出される傾向が生じます。しかし、理不尽なことや自分の考えに反することがあれば、意見を主張すべきです。

「異議を唱えると、みんながイヤな気持ちになるかもしれない」

そう感じるかもしれませんが、そうした感情に流される生き方は賢明な生き方とはいえません。

どんな状況にあっても、自分なりの判断ができるように、感情を整えるべきなのです。

「イエス」か「ノー」かで迫られたときは

「賛成なのか反対なのかハッキリ決めろ」

「行くのか行かないのか、どっちなんだ」

そんな選択を求められた場合、心理面で大きく動揺してしまい、適切な判断ができないことがあります。

たとえば、何かを売りつけられそうになったときなども同様です。

「買うなら、いましかないですよ」

「即決したら割引があります」

そんな言葉でまくしたてられ、回答を迫られたとします。そうした局面では商品自体への評価ではなく、セールスマンの物腰や言葉遣いに惑わされることもしばしばあるでしょう。

もはや冷静な判断力もなくなり「どちらかを選ばなくては」と心理的に追い込まれてしまうこともあるでしょう。そうした心理的窮地から一刻も早く脱出しようとして、誤った二分割思考に陥ってしまうことがあります。

つまりその商品を売りつけようとしているセールスマンが「自分の敵か味方か」という基準で選択しようとするのです。

本来、１００％の味方などいるはずがないのに、ときに決断してしまいます。

「この人は自分の味方だ」

しかし、少し考えてみればわかることです。結論をあせる必要はありません。結論を先延ばしにするという選択肢もあるのです。「グレー」でいいのです。

イエスかノーを性急に決めることに大きな落とし穴があることを日ごろから認識し、二分割思考に陥っていないかどうか、見直すクセを身につけることです。

即断即決の能力は、仕事でも日常生活でも必要とされるシーンはたしかにありますが、いつもそれが求められるわけではありません。そんなシーンはまれなことだと考えておきましょう。もし、あなたがイザとなるとなかなか決められず、優柔不断であいまいな答えをしてしまうことが多いタイプだとしても、それを悩む必要などありません。私はそれでいいと思っています。実際は、「グレー」が正解であることも多いのです。

なぜ、ついつい話を聞かされてしまうのか？

なぜ、人間はそれが自分にとっても興味のない話であるにもかかわらず耳を傾けてしまうのでしょうか？

とくに議論したりすることが苦手な人には、この傾向があります。ましてや、それほど自分が興味を持っていない話題ともなれば、ますますそうなってしまうでしょう。話されている命題の基本がわかっていないので、表面だけの話をしてしまいます。そのため、簡単に反論を受けることになったり、肯定してもらえたとしても、相手のペースに巻き込まれたりしてしまいます。その結果、ただ従順に相手の話に耳を傾けるしかありません。

口のうまい人は、「たとえ話」をうまく利用します。

「こういう食品は、健康にいい影響をあたえますよ。たとえば……」

などといって、話を自分のペースに持っていくわけです。

そのたとえ話には何の信憑《しんぴょう》性も説得力もありません。しかし、聞いている側は知らず知らずのうちにAは体にいい、体にいいならA、という決めつけた考え方に取り込まれてしまうのです。

「A型の人は几帳面だ」

「几帳面ならA型だろう」

と考えている人は多いと思いますが、本来、几帳面ならA型だ、とはいい切れないはずです。もちろん、O型でもB型でもAB型でも、几帳面な人はいるはずだからです。

しかも、話が上手な人は、断定的なものの言い方をします。相手を瞬間的に説得するためには、白黒ハッキリさせたような表現が有効である場合が多いのです。

そして、有名な理論やだれかの説の引用をよく行なう傾向があり、ひとつの話をしただけで、いろいろな仮説をさも事実のように話して物事を進めていきます。偉い人の説がたくさん出てくると、なぜか、その人のいっていることすべてが正しいと思ってしまい、説得されてしまう人が多いのは事実なのです。

ですから、議論に弱い人は、どんどんその相手の話に引き込まれ、興味のない話も、つい聞いてしまうことになるわけです。

よほどカンがいい人でないと、相手の話のうまさに引き込まれ、根拠のない話にもだまされてしまうことになります。

そうならないためには、客観的根拠があるのか指摘したり、数字でハッキリと示すように求めたりして、十分に納得するまで疑うことが大切です。

いくら説得力があるように感じられる話でも、客観的な根拠を求め、その理論が正しいかどうかを確認するまでは結論を出さないことが大切です。

それが、口のうまい人に振りまわされないコツだといえるでしょう。

自分だけで考えるから「感情的」になる

スキーマ（固定観念）にとらわれすぎると思考がワンパターンになり、思い込みの方向に記憶が歪むということは前述しました。（P42参照）

スキーマは自分の経験や人から教わったことから身につけた考え方で、スキーマを持つと、ある程度は考える時間やプロセスをショートカットすることができます。

たとえば、空を飛んでいる動物を見たら、それは鳥だと決めつけてもそうそう外れることはないでしょう。ですから、そうしたスキーマを持つと、物事の判断が速くできるといういい面もあるわけです。

ところが、うつ病のときに問題になる「自動思考」は、これとは違ったものです。自動思考とは、落ち込んでいるときや失敗したときに半ば自動的に生じる思い込みのこと。自分の勝手な思い込みによって、次々と悪循環を生むような思考パターンのことです。

たとえば、仕事で大きな失敗をして落ち込み、

「自分は会社をクビになるだろう」

と思い込んでいる人がいるとします。その人は、上司に声をかけられたり、ちょっと上司がこちらを見ただけで、瞬時に「リストラだ」と思ってしまいます。そう思った瞬間にこう考えます。

「自分はもうダメだ。絶対にクビになるんだ」

「あのときのあの行動が悪かったせいだ……」

悪い思い出ばかりがよみがえって、さらにその思い込みを強くしてしまうのです。

「自動思考」による悪循環

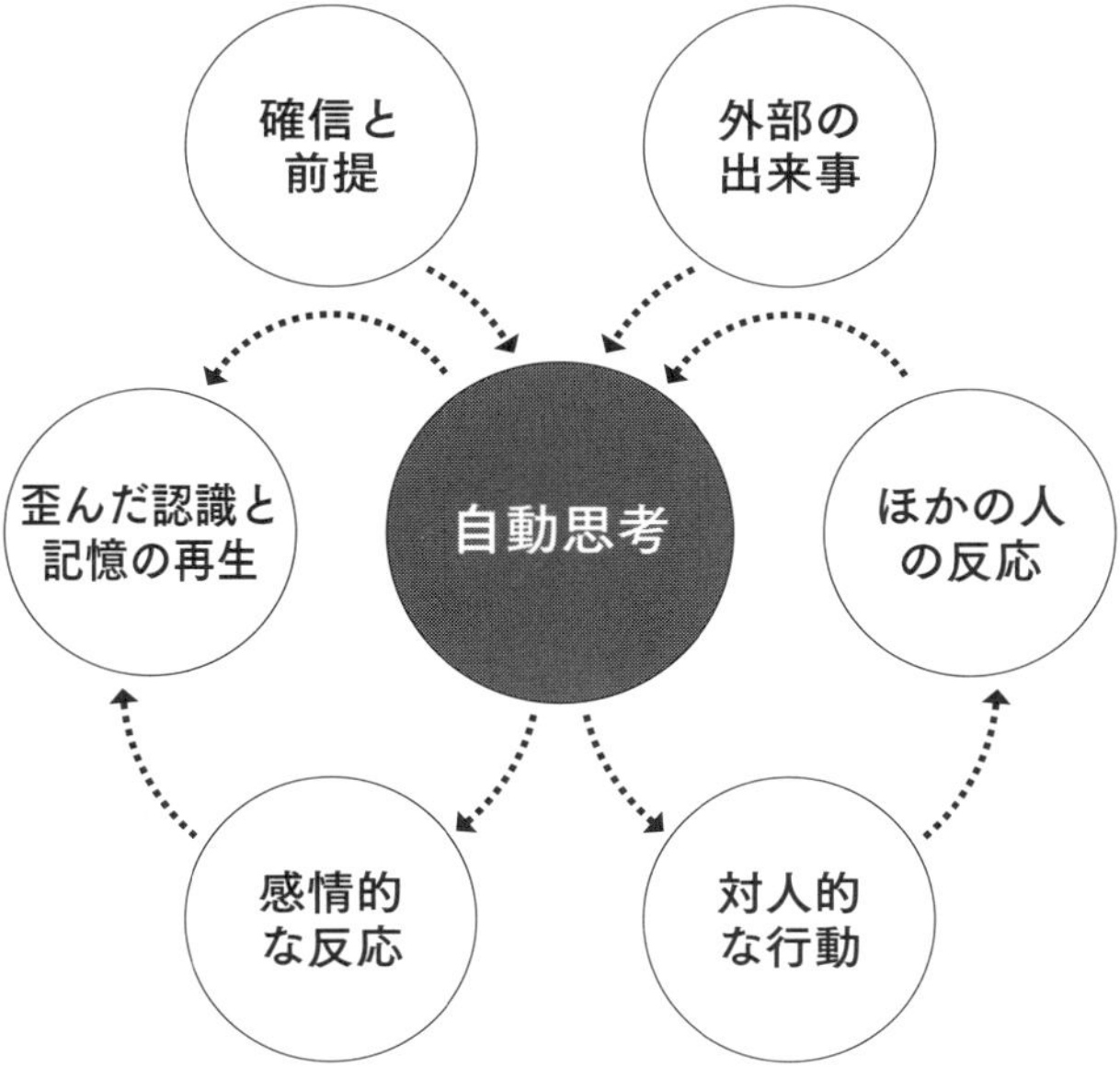

このような悪循環を避けるためには、「自動思考を絶つ」ための努力をして、自分自身を失敗に強い人間にしなくてはいけません。歪んだ認知は「自動思考」によって悪化し、人間関係にも悪影響を及ぼしてさらに悲劇を生むからです。

自動思考に陥ってしまう人は、固定的な思い込みをやめるよう意識的になるべく他の可能性を考えるようにすることが大切です。もし、自分がこうしたタイプなら、身近にいる人に、意見を求めるのもいいでしょう。

「自分は、また思い込んでいないだろうか？」

「悪いことばかり考えすぎているのでは？」

たとえば、そんなふうに**カウンセリング的なアドバイスをしてもらうといいでしょう。それを受け入れるスタンスさえあれば、他人から指摘してもらうことで、違った角度でものを見られるようになり、柔軟性を欠いた思考も修正しやすくなります。**

自分ひとりで悩んでいると、感情を整えることはできません。どんどん悪い方向に進んでいくので、周囲の人に相談してみるのがいちばんいいことなのです。

感情に決着がつくまで考える

ほとんどの人間は、人から嫌われたくないと思っています。

気の進まないことでも、自分から「NO」をいうことにためらいを感じます。

「相手が不機嫌になったらどうしよう……」

「自分のことをイヤなヤツだと思うのではないだろうか」

「NO」をいうことで生じるかもしれないマイナス面ばかりが頭をよぎります。

たとえば、職場の上司から飲み会に誘われたとします。

本当は、早く帰宅して家族サービスもしたいし、日々の仕事で疲れているのでいきたくないところです。しかし、自分以外のほとんどの同僚も参加するようです。すると「そこで仕事の話でもされたら差をつけられてしまう」などと不安の感情が芽生え、しかたなく参加することに……。

しかし、お酒を飲んでいてもずっと浮かない表情でいるため、誰にも声をかけてもらえません。気乗りしない感情を隠しながら飲み会に参加しているわけですからそれも当然かもしれません。しかし、自分の存在感くらいはアピールしたい気持ちもあるわけです。

よく考えてみましょう。仕事に直接関係のない飲み会なのです。本来、気が進まなければ参加する必要はないのです。ハッキリと断ればいいのです。しかし、それが言い出せないのは、まわりの人から「つき合いの悪い人間」「協調性の欠けた人間」だと思われたくないからです。

しかし、このように、周囲の目を気にしたり相手の反応を気にしたりして、断ることができない原因は、自分に本当の自信がないからだといえなくもありません。自分の感情に素直にしたがって、本質の仕事でがんばればいいことなのです。にもかかわらず、自分の感情よりも相手にどう思われるかどうかのほうを優先してしまうのです。

こうしたことは、日常生活の中で頻繁に起こります。「人から勧められてスポーツクラブ入会してしまった」とか「自分には必要のない保険に入らされた」などという選択をしてしまうことがあります。つい「いい人」を演じてしまって思ってもみなかった落とし穴にはまってしまうのです。世間体を気にするあまり、だまされてしまうことはだれにでもあることなので、十分注意することが大切です。

そうしたことをやめる対策としては、どんなことが考えられるのでしょうか。まず、自分の意志をストレートに表現するように心がけること。納得がいかないことは、冷静な態度で質問し、あいまいに終わらせないというスタンスが必要です。

とことん最後まで考え、自分の感情ときちんとした「折り合い」がつくまで相手と話し合うことも大事なのです。納得がいかないのに自分の意志を曲げるようなことをしても、自分の得になることはありません。

いつも「いい人」になる必要はない

不適応を起こしやすいい人とは、別の表現をすればまわりから「いい人」と思われている人です。このタイプには2種類あると考えられています。

まず、子どものころから、親にすり込まれてきた価値観やモラルなどに成長してからも縛られているタイプ。そして、他人の顔色が気になって自分の思う通りの行動ができないタイプです。

このタイプは、いつまでたっても子どものころに身についた価値観から外れることができません。柔軟性という点で劣っているといってもいい人です。

もうひとつのほうは、自分の思っていることもいえず、周囲に合わせてしまう人。とにかく、「仲間外れになりたくない」という意識が強くて、自分を縛っているのです。

人あたりがいい、上手に人とつき合える、ということは、社会生活の中ではとても大事なことです。しかし、必要以上に「いい人」でいようとすると、人間関係を築く上で悪影響が生じることもあります。

周囲の誰からも好かれる人など、ほとんどいませんし、それはかならずしもいいとはいえません。

しかも、「いい人」でいようとすれば、たくさんのことを我慢することにもなります。まわりの人がそれを評価してくれればまだ救われるかもしれませんが、だれも気づいてはくれません。周囲はそれほど「いい人」だとは思っていなかった、ということもあり得ます。

そればかりか、「いい人」に見られたいばかりに、「NO」がいえなくてトラブルに巻き込まれることもあるのです。

「いい人」という印象は、他人に好かれる条件のひとつですが、それだけではありません。

周囲の人に好かれたくて何でも「OK」としてきた人は、人間関係においては、

「どうでもいい人」になっているかもしれないのです。

パニックに陥ったとき どう考えるか

突然、どう対応していいかわからないような困難な出来事に直面することもあるでしょう。そんなときは、自分だけでその問題を抱え込むのをやめましょう。

上手に他人に依存すること、それができれば、困難な事態に直面しても、心理的にパニックにもならずに対応策を見出すことが可能です。

次の日に大事なプレゼンテーションがある、試験がある、重大な会議が予定されている、大事な人と会う……などというとき、人は肉体的、精神的に変調をきたすことがあります。前日に眠れなくなったり、当日もあせってしまって思うように実力が発揮できなくなる、ということは、だれにでもあるでしょう。

結果はどうでも、何とかその場を乗り切れるような力が出せる人は、精神状態は正常範囲だと考えられます。多くの人が、緊張はしていても何とか肉体面、精神面において、バランスを失うこともなくその場を乗り越えることができるのです。

しかし、不安が強すぎて自分のしていることがわからなくなったり、何をいおうとしていたのか、まったく忘れてしまったり、呼吸困難になったり、電車に乗っているときなどに突然、不安に陥ってしまう、というような症状の人は、軽症なうちに心療内科などを受診するか、カウンセリングを受けて改善を図らなければなりません。

そこまでの症状でなく、失敗しそうな場合に不安を抱いたり、トラブルに対処できなかったりするのは「パニック心理」というものです。

そのぐらいのパニックにとどまっていれば医学的には異常とはいえません。自分の感情の整え方を覚えることで失敗を回避することが可能です。

自分だけでは対応がむずかしいと感じるほど不安が強くなったときは、身近にいる親しい友人や家族などに相談してみるのもいいでしょう。気持ちが落ち着いて不安のテンションが下がります。

とにかく、パニックに陥りそうになったとき、また、陥ってしまったときは、ひとりで抱え込まずにだれかに相談するのがいちばんなのです。

落ち着いて状況を見直すこともできるでしょう。自分の感情を整え直すことができれば、さまざまな対応方法を導き出すこともできるはずです。

第3章〈恋愛編〉

男と女がモメる理由と対処法

悲観的な思考は「記録」しよう

あなたが女性であったとしても、男性であったとしても、もし、パートナーの携帯電話に自分以外の人のメールを発見してしまったらどうしますか？

「絶対に読まない」

そういう人もいるでしょう。

「もちろん、読むに決まっている」

という人もいれば、

「見なかったことにできる」

という人もいるでしょう。しかし、そのときのパートナーとの関係次第では、メールの内容が気になって仕方がないと感じることがあるかもしれません。

そんな人はなぜメールが気になるのでしょうか。

「あのメールは、きっと浮気相手からだ」

「自分の知らない人物からのメールなんて、何だかあやしい！」

そんな思い込みにとらわれてしまうからです。

これは、前述した「自動思考」に関係します。

パートナーが浮気をしている兆候など何もないのに、不安の感情ばかりが芽生えてきます。

「あのメールは異性からだ」

「それは浮気相手に違いない」

やがて、そんなふうに決めつけてしまうこともあるわけです。

最初から、そのメールの相手が異性かどうかもわかりませんし、たとえ異性であっても、友だちかもしれないし会社の同僚や、もしかしたら親戚かもしれません。一方的な決めつけは何かと判断を誤らせますし、失敗やトラブルの原因ともなってしまいます。

自動思考にとらわれてしまうと、別の考え方ができなくなってしまいます。

「メールのことを相手に問いただしてみよう」とか、「メールのアドレスを変えさせるしかない」

というように、視野狭窄《きょうさく》に陥ってしまいます。

さらにそうした自動思考は不安の感情を増幅させます。

「もうダメだ。別れるしかない」

ついには、そんな誤った選択をしかねません。


そうした感情の悪循環に陥った場合には、どうしたらいいでしょう？

まず、その考え方を変える方法を知っておくことが大事です。

ここではDTR（Dysfunctional Thought Record＝非適応的な思考の記録）という対処法を、簡単にご紹介しましょう。

DTRとは、非適応的な思考を記録すること。つまり、「書く」「数字で表わす」ことによって冷静になろうとする方法です。

あなたは、メールの着信に気づいただけで、浮気していると打ち明けられたわけで

ＤＴＲ（非適応的な思考の記録）の記入例

状況

（問題解決のために十分な知識を持っているか）

パートナーに何者かからメールが来た

感情

（0％～100％で評価する）

気分の落ち込み…………………………70％
不安……………………………………50％
怒り……………………………………50％

自動思考

（自動思考を引用して、どの程度確信しているかを0％～100％で評価する）

浮気に違いない………90％➡80％➡65％
ただの友だち…………………………10％
通販会社の担当者……………………10％
親戚…………………………………… 5％

こうして数字で書き表わしてみると、さすがに100％浮気だ、ということはないだろうと感じます。そうすると気分が楽になり、冷静さを取り戻すことができるのです。

このやり方を繰り返していくと、自分が悲観的だったと気づき、別の考えができるようになったり、楽観的に切り替えることが可能になるでしょう。

はありませんし、浮気現場を目撃したわけでもありません。ですから、1枚の紙に「メールを発見した」と書き込みます。

そして、そのときの感情を書いていきます。たとえばそのときの気分が、「落ち込んでいた」というものなら、その落ち込みや不安の程度をパーセンテージで書き表わしてみるのです。

もし、そのときあなたが「100%落ち込んでいた」ということであれば、「100%」と書き込みます。さらに、「相手が浮気をしている確率は何%か」を書き込みます。

次に、メールの発信者が同僚の可能性○○%、友だちの可能性○○%……、と書いていきます。さらに「本当に浮気なのか」「その考え方は正しいのか」「ほかの可能性はないのか」など、自分の仮説や考えが正しいのかを検証していきます。疑問点、不安な点などを具体的に文字化することで漠然たる不安に振りまわされることを回避していくのです。

そうすると、自分の思い込んでいたことのパーセンテージが減っていき、徐々に気持ちが冷静になっていく、というものです。

「何かヘン？」と感じる問題発見能力

恋愛でも仕事でも、

「こんなふうにやればうまくいく」

というマニュアルのようなものがあります。

ある程度は、そのマニュアルの通りに行動していれば、それが成功に結びつくこともあるでしょう。

しかし、マニュアル通りのやり方しかできない人の場合、何かの問題が発生したときにそれを解決する能力が身につきません。

「どうしてうまくいかないのか」

「何が、どう、ダメだったのか」

そうした分析は、マニュアル一辺倒型の人にはなかなかできないのです。

人間というのは、何か失敗をしたとしても、失敗を引き起こした原因を突きとめることができなければ、同じ失敗を繰り返します。だからといって、体験してみなければ、失敗の原因を突き止めるという機会もありませんから、失敗を怖れて体験しないという生き方は進歩を放棄した生き方といってもいいかもしれません。

「あのとき、立てた仮説がそもそも間違えていたんだ」

「仮説は正しかったが、アプローチの方法が別にあったのだ」

「プロセスの段階で選んだ具体的な作業の途中で、技術的なミスがあったんだ」

このように、失敗の要因をしっかりと検証することで、失敗を克服することができるのです。チャレンジしてみること、失敗すること自体が悪いことだと考える必要はありません。

「試行錯誤」という言葉があるように、ものごとを成功させて進化をとげるには、チャレンジすることは避けては通れない道なのです。

私は、何であれ、ものごとを成功に導くためには、「試行力」が大切だと思っています。

実際に、「試す・行なう能力」です。

もちろん、一度で成功することはまれなことです。ひとつのやり方がうまくいかなかったとき、他のやり方を試してみる。そういうことを繰り返していくうちに、成功体験が得られ、次のステップにチャレンジする段階でもそれが生きてくるわけです。

恋愛でも仕事でも、もちろん人間関係でも、いい結果を出すには、それをやり続ける知的体力、文字通りの体力はもちろん、「試行」をするジャンルに求められる要素はそれぞれにあるでしょう。

何であれ、あれこれ試してみて、実行できる人こそが成功者、幸せ者につながるといえるでしょう。

問題を「解決」する能力を身につけるには

予想外に発生した問題に対処するとき、また、その問題がさらに悪い方向に進んでしまったとき、どう対応したらいいのでしょうか。

ズバリ「頭のいい人」になって対処するのがいい結果を生むという考え方があります。

「頭のいい人」といっても、それは、認知心理学の立場から見た「頭のいい人」です。

認知心理学というのは、脳のソフト面を研究する学問です。それに対して、脳のハード面を研究するのを脳科学といいます。

では、認知心理学での「頭のいい人」とはどんな人なのでしょうか。それは「問題解決能力の高い人」だとしています。

認知心理学において、人間の脳のソフトを研究していくうちに、「人間の脳は、無から有は生まない」と考えられるようになりました。

何かの問題に直面しているときに、とてもいいアイデアなどがパッとひらめくことがあります。自分自身はまるで空から突然舞い降りたように感じるのですが、そうではありません。それには理由があるのです。

それは、以前に学習したことや経験したことを、急に思い出して口に出した、また、頭の中にインプットされている情報同士が無意識につながった、という現象だというわけです。

情報はそれが自分の中に入力されると知識といわれるものになります。

認知心理学においては、その頭の中に入った知識をいろいろと応用しながら、問題の解決方法を見つけていくその能力が高い人が「頭のいい人」だと考えられているのです。

何がしかの問題に直面したとき、その経験や知識が豊富な人なら、それだけ対処の仕方をたくさん思いつきます。ですから、知識は多いほうがいいといえます。しかし、それだけでは「頭のいい人」ではありません。

失敗やトラブルは、それまでの知識の通りにものごとが運ばないときに起こります。その際に、状況に合わせて貯えた知識を的確に応用して考え、問題に対処する能力がなければなりません。

問題を解決する能力を身につけるには、経験や知識を増やし、それを現実に活かせることが必須です。

冷静な判断のための「メタ認知」

突然、何らかの問題が発生したとき、その原因を冷静に判断し的確な対応策を講じるために忘れてはならないことがあります。それは自分の欠点を知っておくことです。何よりも感情によって左右されないようにする必要があります。

正しい判断、冷静な判断をするためには、自分の認知のパターンを把握しておく必要があります。これを「メタ認知」といいます。

メタ認知の考え方では、自分のことをどれだけ知っていて、自分の思考パターンについてどんなことがわかっているかを大事なポイントとし、これを「メタ認知的知識」と呼んでいます。

「私は数学的な知識は他の人より豊富だけれど、恋愛に関しては知識が少ない」

「自分は課題に対処する力はあるけれど、突発の出来事には弱い」といった具合に自分の特性をリアルに把握できるかどうか……。それができる人が「メタ認知」がよく働く人といえます。こうした、自分の知識のパターンを知っておくことが、問題解決の際、正しい判断を下すために必要になってきます。

しかし、自分の知識、思考パターンの特性や限界を把握していたとしても、直面する問題を前にして「できること」と「できないこと」を明確にして対処できなければ、何の意味もありません。

「自分は感情に流されやすいけれど、それは性格だからしょうがない」

これでは問題解決は不可能です。

「自分がいつもの考え方のパターンに陥っていないか」

「今の問題には、どうやって対処したらいいのか」

自己分析しながら修正していくことが大切です。

自分には欠けている知識、欠けているスキルがわかっているのなら、それを補って

メタ認知の効能

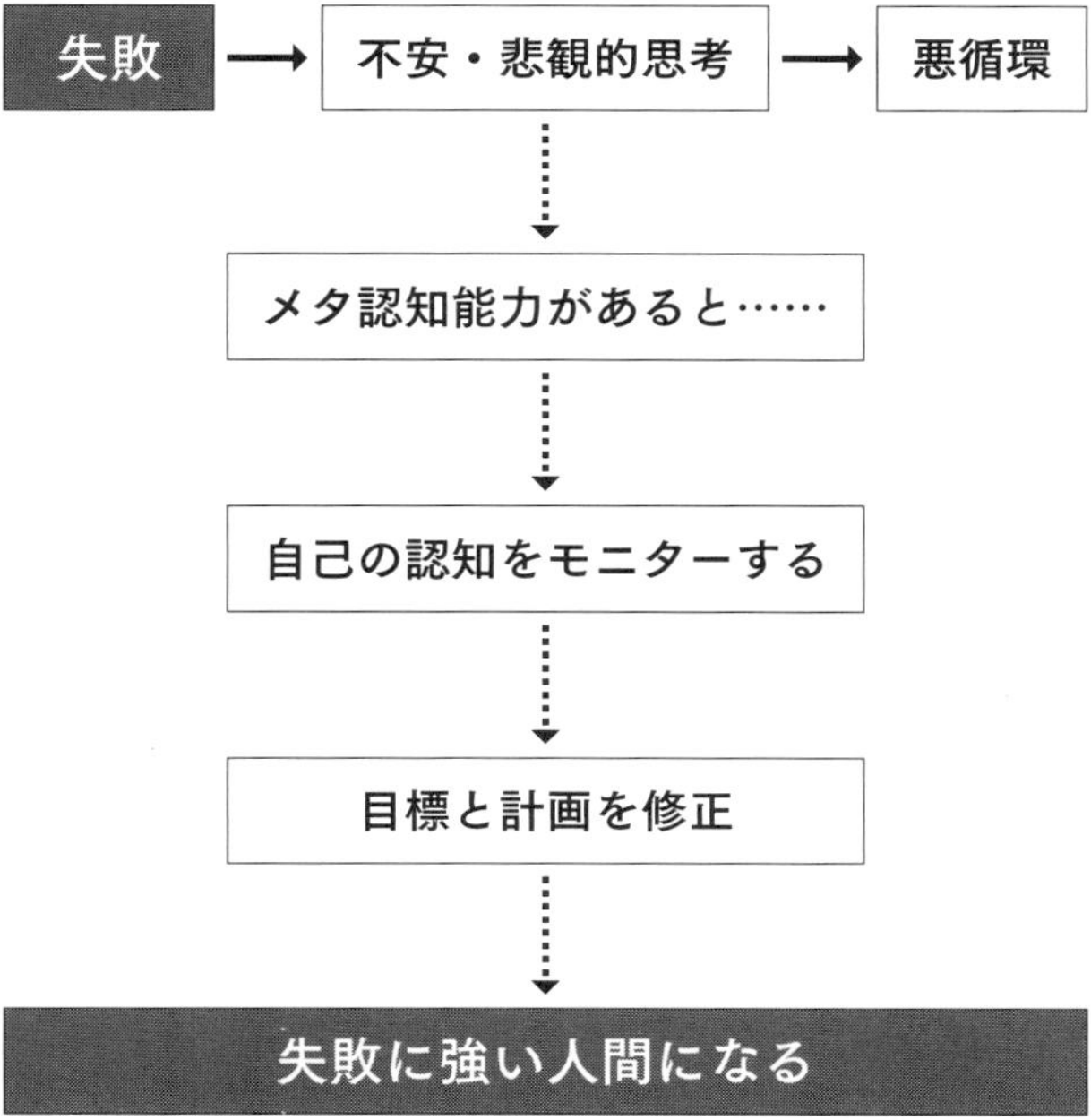
失敗
不安・悲観的思考
悪循環
メタ認知能力があると……
自己の認知をモニターする
目標と計画を修正
失敗に強い人間になる

くれる人間に協力を求めることができなければなりません。それもメタ認知です。もちろん自分がいつも悲観的に考えてしまうタイプなら楽観的に考えられるように、自分がすぐに怒ってしまうなら冷静に判断できるように、自覚的に自分を修正していくことも必要です。

セルフチェックで判断力を鍛える

メタ認知を鍛えて、自分が陥りやすい考え方を修正する能力を身につければ、次第に問題解決能力が養われていきます。

もちろん、メタ認知的な能力は生まれつき持っているものではありません。意識的にメタ認知的な行動を心がけることで、メタ認知的な人間になれるといってもいいでしょう。

的確な自己分析ができる人は、生まれつきできるのではなく、それを自覚的に行なっているからできるのです。

それを習慣化するためには、チェックリストを名刺ぐらいの大きさにコピーして、常に携帯しておくといいかもしれません。

問題に直面したときに、自分がどう考えているかチェックしてみると、失敗を回避できたり、誤った判断を繰り返す悪循環が防げるようになるはずです。

ここで、「メタ認知的活動のセルフチェックリスト」をご紹介します。大事な問題を考える際には、このチェックリストを利用して、メタ認知的な行動を心がけるようにしましょう（次ページ）。

メタ認知的活動のセルフチェックリスト

チェック内容	評価
問題解決のための十分な知識を持っていますか？	
思考が一面的になっていませんか？	
他人の意見に影響されていませんか？	
思考が感情に左右されていませんか？	
自分の立場に不利な思考を遮断していませんか？	
過去の経験によって培った認知パターンにしばられていませんか？	
権威のいうことに影響されすぎていませんか？	
自分の思考スキーマにとらわれて、思考が固定化していませんか？	
考えずに知識で解決しようとしていませんか？	

メタ認知にとっていちばん大事なことは、自問自答の習慣です。この表を画像としてスマートフォンやタブレットに保存し、何かを決断するときにチェックしてみてください。

自分の揺れ動きを客観的に見直す

判断力を鍛えるために、「メタ認知的能力」のチェックリストをご紹介しました。あなたは普段、こうした自問はできているでしょうか。

「自分のことを客観的に見つめる」ということは、さまざまなシーンで正しい判断を下すために有効です。

「人間の認知は、生の状態ではほとんどあてにならないと考えていい」と私は考えています。

たとえば、人間関係を考えてみましょう。

恋愛がうまくいっているときは、相手と価値観が合わないなどとはこれっぽっちも思いません。しかし、恋が冷めてくると、性格の不一致だとか価値観の違いなどを理由に、別れてしまう人が多いでしょう。

それは、相手のすべてが「あばたもえくぼ」的に見えていたからにほかなりません。何かをキッカケに相手の人格が変わったわけではなく、時間とともに自分の認知の状態が変わってしまったのです。

このように、感情や状況、そのときの立場などで人間の認知は歪められたり変わってしまったりするものです。それが認知の現実です。判断を誤って重大なミスをしたり、トラブルに巻き込まれたりする可能性があります。

誰にも心当たりがあるのではないでしょうか。たとえば、本当は自分にとって大事な人のことを、仕事や学業などが順調のときは、

「本当にステキな人だ。絶対に離したくない」

と思っていたのに、落ち込んだ気分のときは、

「相手は自分を必要としていない」

と思ったりもします。そして、悲観的な結論を導き出してしまったりするのです。あとで考えて悔やんでも「とき、すでに遅し」となってしまいます。

ともかく、自分の認知パターンを知り、それがときに不意に揺れ動いたりしないか

どうか、客観的に見直してみる必要があるわけです。

動揺すると判断能力を失う

たとえば、パートナーが浮気をしたとしましょう。

さて、あなたは、一回でも自分を裏切ったら、相手を「敵」だと感じますか？

そういう人の場合、一度でも裏切られたら、愛情が憎しみに変わってしまうケースが多いものです。

浮気をした人も、そのパートナーも、完全に愛情が冷めているわけでなく、むしろ愛情の部分のほうが多いはずなのに、

「許せない！」

と考えて一気に別れを告げてしまうわけです。

浮気に関しての捉《とら》え方や考え方は人によって違いますが、このような場合にも二分割思考になり、「完全な味方」が一気に「100％の敵」に早変わりしてしまうのです。

即断即決タイプということなのかもしれませんが、後悔しないように冷静に考える必要があります。一気に結論を出すのではなく、十分な思考に基づいて意志を決定したほうがいい、ということです。

人間は動揺すると判断力を失うものです。

よく考えないで結論を急ぐ人は、誤った判断をしてしまう可能性もあります。

「悪いのはすべてあなたよ！」で、関係を絶つことが悪いことだとは思いません。

しかし、長く共に生きていく相手です。一度の過ちをどう判断するかは各人各様でしょうが、いずれにせよ、落ち着いて考えてから結論を出すべきでしょう。

相手の言葉を好意ととるか、悪意ととるか

いわずもがなのことなのですが、相手の気持ちがわからなくては、対人関係はうまくいきません。もちろん恋愛も順調には進みません。相手との理解を深め合い、相手のニーズを満たす能力を身につけるべきでしょう。相手の言葉が好意なのか、悪意なのかもわかるようになります。

人間には「自己愛」というものが存在します。

それは、周囲の人から認めてもらいたい、ほめてもらいたい、評価されたいと思う気持ちです。そして、相手の自己愛を満たしてあげると、相手からも好意を返してもらえるのです。

そうして、心理的に「ギブ&テイク」の関係を構築できれば、仕事であれ、プライベートであれ、関係もスムーズになり、トラブルが発生することもないでしょう。

「自己心理学」という、いまではアメリカでもっともポピュラーな精神分析の理論を唱えたコフートという精神分析学者がいます。彼は人間の基本的な動機は「自己愛」を満たすことだと主張しています。

この「動機」とは、人間の行動を促《うなが》す無意識の世界ということです。

そしてコフートは、人間の基本的な心理ニーズを想定しました。コフートの想定した基本的な心理ニーズは、「自己愛」を満たすための3つのパターンです。

①鏡→　自分をほめてほしい、注目してほしい、価値のある人間だと評価してほしいという心理。

②理想化→　神のような存在となって、この不安を一緒に受け入れ、解消してほしいと求める心理。

③双子→　自分もほかの人と同じだと思いたい。みんなと同じだと安心したい心理。

相手がこの3つのパターンの心理的ニーズのうち、どれをもっとも求めているのかがわかればその相手への的確な対応法が見つかるはずです。それを実践していけば、その人との関係は良好に保つことができるというわけです。

自己愛が強ければ相手は離れてゆく

自分は相手より「上」だと思ってパートナーと接するより、自然体で振る舞ったほうが気持ちは楽です。とはいうものの、人間にはだれにでも「自己愛」があります。偉そうにするつもりはなくても、自分を認めてほしい、評価されたいという気持ちをみんなが持っています。

その自己認識の欲求にどうやって対処していくかが、恋愛関係や人間関係をうまく築いていくポイントです。

「上から目線」という言葉があります。

自己愛が過度に強い人は往々にしてこの「上から目線」をとりがちです。繰り返しになりますが、一般的に考えて「自己愛」が強い人ほど、他人に対して偉そうな態度をとってしまいます。「相手の話を聞かない」「自分の知っていることばかり話す」「自分の間違いを認めない」「悪いことをしても謝罪しない」など、周囲の人を軽んじたような態度をとってしまうわけです。

自分の優位性にこだわる人は、そうした自己中心的な態度が、相手や周囲の人から軽蔑されたり嫌われたりする原因になることに気づいていません。そうやって自分を「上」に見せようとすればするほど、相手の気持ちは離れていってしまうのです。

「自己愛」とは、自分のほうから求めるのではなく、相手の「自己愛」を満たしてあげて初めて人間関係構築のために役立ちます。だれでも「自分の理解者、気の合う人」と感じられる人がそばにいると、気持ちが満たされるのです。

ここに、人間関係を円滑に紡《つむ》いでいくために忘れてはならないヒントがあります。

「日ごろから背伸びをしないで偉そうな態度をとらない、知らないことは教えてもらう、何かあったらお礼やおわびの言葉を口にする」などのことを頭に入れておくといいと思います。

そうすれば、相手から好感を持たれ、自分にとって大切な相手だと思ってもらえるはずです。

共感能力が相手を引きつける

「相手の立場に立って相手の心を内省することで、相手の心を知る観察の手段」

すでに紹介しましたが、精神分析の権威であったコフートは、「共感」についてそう定義しています。

つまり、周囲の立場でものを考え、相手の気分や感情を想像することが大事だということです。

個々の人間の能力には限界があります。問題解決の知識があっても、自分だけではどうにもならないこともあるわけです。

そういうとき、自分のまわりに助けてくれる人や理解してくれる人がいると、とても心強いと感じます。自分の能力を発揮するには、周囲の人との人間関係が順調であることが、ものごとの達成、成果に大きく影響するものです。

ですから、共感能力に磨きをかけることを忘れてはなりません。その共感能力を高めるテクニックの中心ともいえるのが、相手の「自己愛」を満たすことです。

たとえば、ひとりの人に恋愛対象の異性を紹介するとしましょう。

もし、その人が注目されたいという「鏡」の心理ニーズを持つ人だったとすれば、人の話をよく聞く人やほめ上手の人を紹介してみることです。

また、みんなと同じでいたいと感じる「双子」の心理ニーズを持つ人には、親しみやすく本音で話を聞いてくれる人がいいでしょう。

自分は強い人間だという感じを与えてほしい「理想化」の心理ニーズを持つ人には、頭脳明晰でまわりの多くの人からリスペクトされるような人がいいかもしれませ

共感能力が推論の幅を広げる

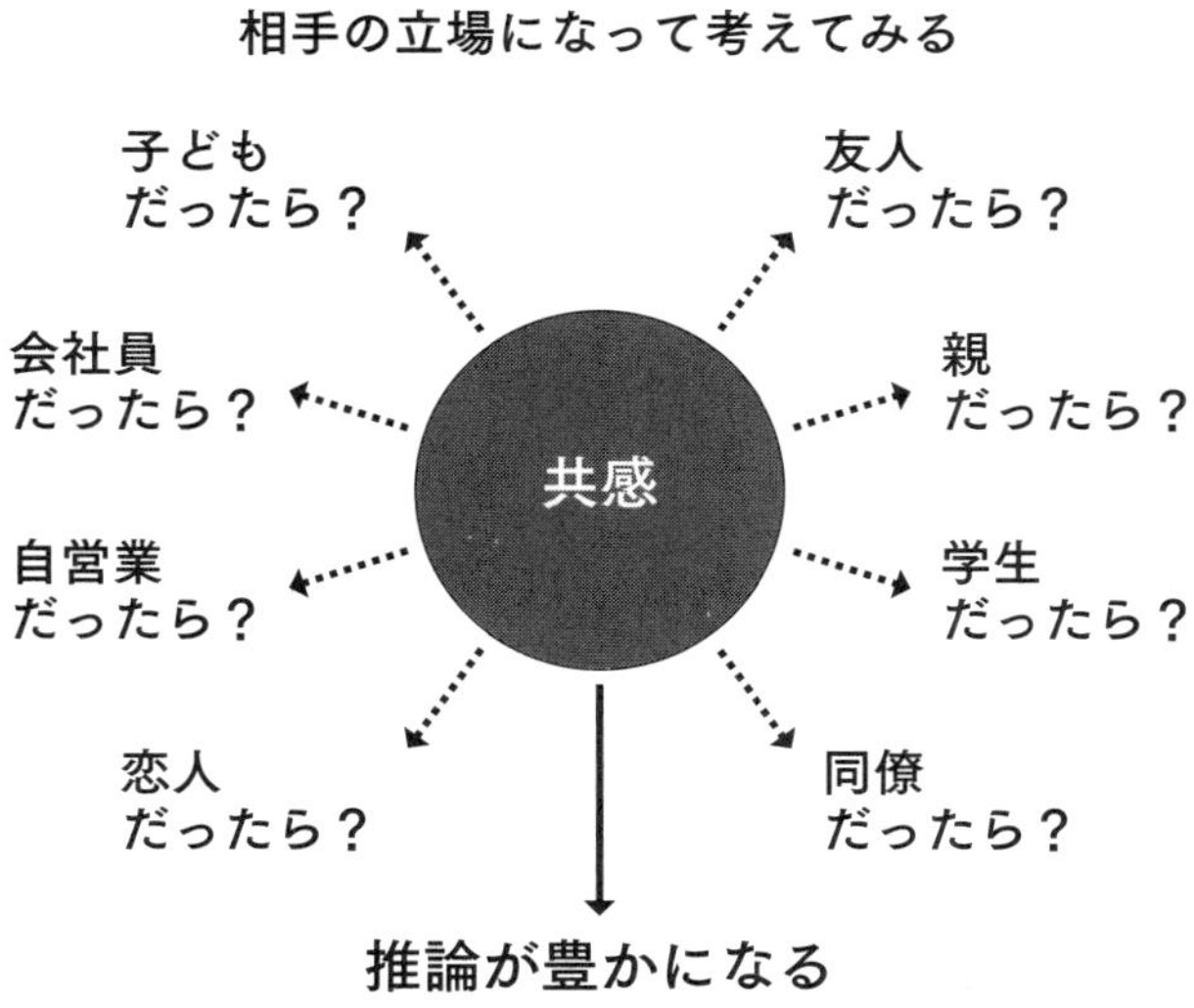

ん。

この方法をいろいろな場面で応用してみてはいかがでしょうか。

楽しいことを考えて「カラ元気」を演じてみる効用

予想もしなかったときに、予想もしなかった問題が発生したら、ほとんどの人は心理的に動揺してしまうことでしょう。

そんなとき、周囲の人たちに自分の心理的動揺を露《あら》わにしたら、その人たちもその動揺を察知してしまうでしょう。その心理的動揺が伝播《でんぱ》してしまうかもしれません。そうなれば悪循環を引き起こします。

そういうときこそ、朗らかな感情や喜び、うれしさを表現するように心がけましょう。楽しい、うれしいという感情は、相手に明るく温かい印象を与え、それが周囲の人にも伝わって、気持ちが明るくなっていきます。

「カラ元気」という言葉があります。

たとえ本当は元気でなかったとしても、それを演じることです。心理的動揺の状態にあるときこそ、この「カラ元気」を思い出してみましょう。

演技であったとしても、好感情、幸福感を露わにしていれば、立ち直るエネルギーが生じてくるのです。

トラブルや仕事上の事故などが発生したとき、周囲の人に心理的動揺を悟られていいことは何もありません。非常事態のときこそ楽天的な言動を心がけるべきなのです。「能天気」ではいけませんが、楽天ぶりを装いながら、冷静さを取り戻すのが「頭のいい」人です。

ですから、問題が発生したときは、当事者の言葉に耳を傾けて、その言葉を肯定的に受け止めるといいのです。

「そう思っていたんだね」

「私がこう思ったのは誤解だったんだ」

受容の言葉を素直に口に出すと、共感の念が生まれて問題への対応策も見つかるようになりやすいものです。

「この人、いい感じの人だな」

そう感じさせる人とは、同じ目標に向かって進んでいくことができます。

ときにはぶつかり合ったりすることもあるでしょうが、一緒に喜んだり楽しんだり、悲しいときは気持ちを分かち合ったりすれば、ものごとをやりとげるパートナーにもなれるでしょう。

だれでも「イヤな人」とは一緒にいたくありません。たくさんの人に信頼や好感情を持たれるよう、感情を整えて、良好な恋愛関係、人間関係を築いていきましょう。

第4章〈仕事編〉

精神的苦痛を受けたときの切り替え術

仕事で失敗！でもそれは「悪」ではない

失敗をしたときは、その原因を知ることが大事です。

「失敗学」を提唱されている東京大学名誉教授の畑村洋太郎《はたむらようたろう》先生は、失敗についての定義を、

「人間が関わって行なうひとつの行為が、はじめに定めた目的を達成できないこと」

としました。

まずは、失敗をこの定義のように広い意味で認識しておきましょう。

失敗について、すべてダメだったと感じたり、失敗は「悪」だと思ったりするのではなく、予定した目的に達しなかっただけ、と思ったほうがいいでしょう。なぜ、目的に達しなかったのかをプロセスから検証してみることが、同じ失敗を繰り返さないことにつながります。

何事も結果だけではなく、プロセスも大事であるということです。

失敗とは大きく3つに分けられます。

ひとつは「想定内の失敗」です。

「こんなに大変なのだから、失敗してもしょうがない」

「この失敗は、次のステップのための試練なのだ」

というように、失敗そのものが想定内だったというものです。

次に、「結果としての失敗」。

「やってみたけれど、うまくいかなかった」

「ちょっとした不都合が生まれて、たまたま失敗してしまった」

というような積極的な試みが結果として失敗に終わったという場合です。

「想定内の失敗」や「結果としての失敗」は、ある程度予想ができるものです。ですから、予想をして覚悟ができている分、落ち込むことは少ないと思います。

ところが、本来は成功に導ける可能性があったのに予想外、想定外で失敗してしまうことがあります。たとえば自分の未熟さが原因で想定外の事態に直面し失敗してしまう場合です。

これを、畑村先生は「ヒューマンエラー」と呼んでいます。これが3つ目の失敗です。

予想外の失敗は、精神的に大きなダメージを与えます。

「失敗を予想しておけば、もっといい方法が見つけられたのに」

「予想ができていれば、これ以上損をしなくて済んだのに」

などというような、後悔の気持ちがパニック心理のように湧き上がり、さらに精神的に不安定にさせてしまうのです。

「3つの失敗」が生む悪循環

「想定内の失敗」「結果としての失敗」「ヒューマンエラー」という、3つの失敗のタイプがわかったところで、その失敗で悪循環にならないために、回避の方法について考えてみましょう。

本来は成功に導ける可能性があったのに自分が原因で失敗してしまうことに、人間は大きなダメージを受けてパニックになると前述しました。これが「ヒューマンエラー」と呼ばれる失敗です。

ヒューマンエラーは、心理的に悪循環を生じさせます。

「あんな失敗をしてしまったのだから、もうダメだ」

「自分はなんてダメな人間なんだ」

などと悲観的になります。それが職場での出来事だったりすると、「もしこの失敗がばれたら、クビになってしまうかもしれない！」という気持ちになってプレッシャーがかかり、さらに失敗が続いてしまうこともあるでしょう。

また、失敗を隠そうとして、ウソをついたりごまかしたり、偽装したりする人もいるかもしれません。

しかし、偽装や隠ぺいは、それが発覚したときに、最初の失敗よりも大きな問題になってしまいます。ですから、失敗の悪循環を生まないように気持ちを切り替えたり、その失敗から学ぶことによって成功に向かう努力をしたりすることが大事です。

さて、ヒューマンエラーを起こしやすい人には、それを起こしやすい資質があるといわれます。失敗したときに、悪循環に陥りやすい性格なのです。

まず、ものの見方が非常に単純だったり、偏っていたり、極端なために、ヒューマンエラーを生み出しやすいタイプ。このタイプは、前にも触れましたが、うつ病の治療を行なうカウンセリングの理論では「不適応思考」と呼ばれています。

次に、前述したスキーマ（固定観念）といわれる、こりかたまったものの見方から抜け出せないタイプ。

もうひとつは、失敗したときの不安や落ち込みがとても強いため、冷静な判断ができなくなってしまう、感情や不安に支配されやすいタイプ。

さらに、その不安からから抜け出せず悪いことばかりを考えてしまうタイプです。

問題発生のときに適切な判断をするためには、問題の原因をしっかり把握し、感情に流されず冷静に対応することが必要です。

自分の失敗のタイプを知っておき、思考パターンを理解していくことが、「失敗に強い人間」になるための大事なポイントなのです。

問題解決のための5つのメタ認知

ものの見方が非常に単純だったり偏っていたり、極端であることを「認知の歪み」といいます。前述しましたが、そういう人はカウンセリングの理論から「不適応思考」を起こしやすいと考えられています。これは、ヒューマンエラーを生み出しやすいタイプです。「不適応思考」の思考パターン12種類を第1章で解説しているので見直してみてください。（P36、37参照）

そうしたパターンをふまえた上で、ヒューマンエラーを生み出さないコツも覚えておきましょう。

豊富な知識を持っていて、推論の方法も学んでいるのに、問題発生のときに適切な打開策が導き出せなくては何の意味もありません。知識は、活用できなければ価値を持たないのです。しっかり活用して、実際に発生した問題を解決するのに役立てましょう。

認知心理学のA・L・ブラウン博士は、問題解決にかかわる「ポイント」を5つに分類しました。

①自分の能力の限界を予測する。
②自分にとって、何が問題かを明確にする。
③問題の適切な解決法を予測する。
④自分の認知パターンの点検とモニタリングを行なう。
⑤目標と照らし合わせて、実行中の方策を続行するか、中止するか決断する。

たとえば、

①↓　自分は接客の経験がないので苦手。だから接客は困難だと予測します。
②↓　新商品の開拓は会社の重要課題だけれど、自分には知識がない。商品知識を持つ社員と協力しなくてはならないと自覚します。
③↓　市場のことをよく知っている営業部員と組んで、商品開発をするほうがいいと

予測します。

④↓　市場調査にミスはないか、商品開発に不備がないかなど、チーム内で共有している知識や情報にズレがないかをモニタリングします。

⑤↓　会社の営業目標と照らし合わせ、今のプロジェクトを続行するか、中止するかを決断します。

そもそも、ものの見方が単純で偏っていて極端である人に、仕事上の重要な判断を任せることじたい困りものです。このタイプは自信過剰であることが特徴です。ミスや失敗は誰にでもあることです。しかしその原因が責任者のキャラクターによるところが大きいとすればそれは会社の人事の致命的な判断ミスと言えます。そのときどのような判断をするか、これは個人でも法人でももっとも重要なポイントといえるでしょう。

つまり、

「あいつをリーダーにしたヤツは誰だ！　みんなまとめてクビだ！」

面白い！」をあなたに

祥伝社文庫 30周年

祥伝社文庫
祥伝社黄金文庫
小説NON
コフレ
http://www.shodensha.co.jp/

こんな言葉を口にするトップのもとでは、ちゃんとした仕事はできないということです。

失敗と向き合うことが失敗を繰り返さない秘訣

適切な判断力を身につけるには、過去の失敗を忘れないことです。前述した失敗学の畑村洋太郎先生は、

「古今東西の失敗事例を集めて、失敗博物館か失敗図書館をつくるべきだ」

とおっしゃっています。

状況や事情は違っていても、トラブルに巻き込まれたり失敗をしたりすることには、類似性があるというのです。

ですから、過去のミスを知ることが、似たようなトラブルを回避することに役立つ

というわけです。

畑村先生によると、失敗を減らすには、過去の失敗をファイリングしておくことが大切だということです。それは、大きな失敗は小さな失敗の積み重ねによって起こるからだそうです。

古い事例ですが2008年の夏、徳島の「阿南土地改良区」という団体で、60代の女性事務員が億単位のお金を横領して逮捕された、という事件が報じられました。犯人は、「数百万円の横領の積み重ねが、いつの間にか数億円になってしまった」といっていたそうです。

これは、ある人の「少しのごまかし」から始まった横領事件。少額のお金をごまかしたけれど、誰にも気づかれず、何の問題も起こりませんでした。味をしめた彼女はさらに大きなごまかしに手を染めていきました。少額といっても数百万円なのですから、管理体制がいかに雑であったかが想像できます。

小さなごまかしの積み重ねが、重大な事件につながったのです。

普通の中小企業であれば、倒産は必至の事件ですが、どうしてそこまでの金額になるまでだれも気がつかなかったのかは不思議です。

失敗やミスをスルーしてはいけません。大げさかもしれませんが見て見ぬふりは犯罪です。きっとこの団体でも見て見ぬふりをしている人がいたのかもしれません。

「あのとき言っていればこんなことにはならなかったのに」

人は人生で何度この言葉をつぶやくのでしょうか。

企業も同じことです。大きな不祥事は意外と些細《ささい》なことが原因であることが多いものです。どんなことでも早い段階で対処しておけば大事には至らないと言えるでしょう。

なのに、なぜそれができないのでしょうか？

それは、失敗としっかり対峙《たいじ》しないからです。いくら、失敗から学んでも次の失敗で正面から向きあうことができなければ過去の繰り返しです。

感情に流され落胆したり落ち込んだりする前にまずやらなければいけないこと。

それは、勇気を持って「失敗」と向き合うことです。

感情が読みとれる人は周囲から信頼される

職場の人間関係の中で、部下に好かれて上司にも信頼される第一条件は、「わかりやすい人」になることです。

何を考えているかがわかりやすい人には、上司は指示がしやすく、部下は質問がしやすいといえます。

気持ちを共有できる相手であれば、上司も部下も関係なく信頼しあうことは可能です。

人は喜怒哀楽の感情を素直に表わすことができます。逆にそんな感情を抑え込んで冷静でいられることもできます。そこが人と動物と違うところです。

「あの人は人間的だから部下に好かれる」

よくこんな話を聞くことがあります。

あくまでも一般論ですが、感情表現の上手な人のことを「人間的」というのかもしれません。逆につねに冷静で感情をおもてに出さない人を称して、

「サイボーグ」「ロボット」

と、揶揄《やゆ》する人もいます。

どんな場面でも感情を表に出さずつねに冷静にプレイしていたテニスプレイヤーのクリス・エバートが、「アイスドール」（氷の人形）と呼ばれていたことを思い出します。

それはさておき、どちらのタイプが人に信頼されるかは何とも言えないところです。しかし、少なくとも、何を考えているかわかりやすい人のほうが親しみを感じることは間違いないでしょう。仕事の成果はともかく、「お約束」のリアクションをしてくれる上司は部下にとっては親しみやすいものなのです。

感情をストレートに出す人は、明るく元気な印象があります。周囲の人に好かれる人、親しみやすい人、ファンの多い人などは、共通して明るく朗らかな人なのです。

特に職場では、感情に任せて行動してもいいときと、感情をうまく抑えて言動に注意しなければいけない場面があります。

その状況判断を間違わないように、自分の感情を整えて良好な人間関係を築く努力をしていってください。

落ち込んだら違う自分になる練習をする

大きな失敗をしたときやトラブルに巻き込まれたとき、もう一度、自分にやる気を起こさせるにはどうしたらいいでしょう。

たとえば失恋したとき。

私の知人の会社社長がよくいうことです。

「大きなプロジェクトが頓挫《とんざ》したときよりも女にフラれたときのほうがはるかにショックだよ」

本心かどうかはわかりませんが、これくらい失恋は辛いものです。

私のような仕事をしていると、こんな経験をきっかけに、

「今までとは違う自分になりたい」

こう思っている人が多くいることがわかります。

「今までとは違う自分」になるための簡単にできる方法があります。

それは、今まで決してやらなかったことをやってみることです。そんなに深く考えることはありません。

セロリが苦手な人はセロリを腹いっぱい食べてみる。牛乳が飲めない人はロングパック一本飲んでみる。こんなことをするだけでも今までとは違う自分になれた気がするものです。

新たな自分に生まれ変わって新しい「目標」を持つことが大事なのです。違う自分になるための方法はいくつもあります。前述した過激な方法が自分には向かないと思った人が多いかもしれません。そこで、そんな人たちのために気持ちを切り替えるコツをご紹介しましょう。

①おいしいものを食べる
②好きな人と一緒に過ごす
③仕事でうまくいっているときのことをイメージする
④ほしいものを購入する
⑤いきたかった土地を訪ねる

要するに、自分の欲求を満たすことが感情を整えていくためのいちばん簡単な方法だといえます。ですから、自分がいちばん気に入っていること、いちばんリラックスできることを、日ごろから知っていれば、気分転換は自分の力ですぐにできるというわけです。

自分の感情を表現して、気の合う人を探しておく

職場でミスをしたとき、気の合う人が身近にいれば落ち込んだ感情を共有してくれます。もちろん、うれしいときや楽しいときも感情を共有できます。

そういう人が身近にいると、失敗やトラブルにあったとき、大きく落ち込まないで済みます。

自分の気持ちをわかってくれる人を見つけるには、まず自分から先に気持ちを表現することが大事です。この人がここまで心を開いてくれているとわかれば、相手も本気で相談に乗ってきてくれるはずです。

相手の感情が理解できれば、精神的な苦痛を受けているときには手を差しのべることができます。自分が落ち込んでいるときには、反対に力になってもらえるでしょう。

ですから、支え合える相手を探すには、考え方を知ることよりも、まず、自分から胸襟《きょうきん》を開いて、相手に自分のことをわかってもらうことが先決です。

第一印象で、何となく、「この人とは気が合いそうだ」と感じる人なら、気持ちがすぐに伝わる相手です。

ただし、好みや考え方が似ているからといって、「気の合う関係」になれない人もいるので、相手の感情を理解できるようにしっかりと向き合いましょう。逆に、趣味や好みが違うのに、「なぜか気が合う」という人もいますから、性格や行動パターンが違う相手でも、話をよく聞くだけではなく、自分のことも進んで話すことが相互理解を促します。

人間はストレスをストレスと感じない

精神的苦痛を受けたり失敗をすると、だれもがストレスを感じます。そのストレスをため込まない方法を考えてみましょう。

いうまでもありませんが、人間はひとりでは生きていけません。

だれかに接していかなくては生活できませんし、どこかで我慢しなければならないことも当然あります。社会人になれば、仕事を辞めたくなるような出来事もあるでしょうし、周囲の人に気に入られようとして気を遣うことも多くなります。

しかも、大事なところで失敗してしまったり、その場から逃げ出したくなるような気持ちに陥ることもあるでしょう。

そうしたときに、ストレスを強く感じ、気持ちが落ち込んでしまう人には、それなりの対処法があります。

まず、そのストレスの原因をハッキリさせることが大事です。

そしてもうひとつは、そのストレスをため込まないようにすることです。

ストレスをため込まないとはどういうことでしょうか？　それは、ストレスを感じたらすぐに解消することです。簡単に聞こえますが意外と難しいことなのです。ストレス解消のために何かするにしても、そのことからストレスを誘発してしまうことがあります。

人間は、ストレスの強い状況の中にいても、それがストレスだと感じない心のメカニズムを持っています。しかし、ストレスを自覚していなくても、心の奥のほうで何らかの気持ちの異変を感じて、胃腸の調子が悪くなったり頭痛を感じるような、体の不具合が起こることがあるのです。

そういう場合、精神科医はその人の話をゆっくりと聞いて、何がストレスの原因なのかを一緒に考えます。気になることの原因がわかると、それだけでストレス解消になるからです。

ストレスの正体をハッキリさせるには、原因の分析をすることが必要です。冷静になって、悩んでいることが何なのかを考えてみましょう。自分だけで抱え込まずに、友人などに相談するのもいいでしょう。

そして、ストレスの原因がわかったら、今度はそれを解消する方法を考えなければなりません。

たとえば自分の失敗がストレスの原因だとしたら、その話をだれかに聞いてもらうだけで、そのストレスはかなり解消されます。

これは日本人の特徴ですが、仕事のあとに飲みにいく習慣があります。そこで人間関係や仕事などのグチをいい合うことが、相当なストレス解消につながっているわけです。

欧米人はそういう習慣がないため、仕事などの問題を家庭内で話せない状況になると、すぐに精神科医に相談にいくのです。

どちらがいいかは捉え方次第ですが、日本人であれば、グチを言い合える同僚がいるだけでもよしとすべきでしょう。

失敗したことをいつまでも引きずっていないで、周囲の人に自分の気持ちを話して心理的ストレスを解消することが大事なのです。

ただし、仲のいい人にグチをいうのはいいのですが、あまりいろいろな人にいってまわると、あなたの評判が悪くなってしまうかもしれません。とくに、人の悪口などはなるべくいわないこと。

自分のストレスを上手に発散できれば、失敗して少しは落ち込むことはあっても、すぐに立ち直ることができるようになるでしょう。

苦手な上司や顧客とつき合うためには

職場などでトラブルに巻き込まれたりミスをしてしまったとき、その場に居づらくなったり周囲の人の目が気になったりすることがあります。特に、苦手なタイプの人が身近にいると、より一層居づらさを感じるでしょう。

会社や学校などでは、苦手なタイプの人ともつき合っていかなければなりません。とはいうものの、人によっては苦手な人と接触するだけで、ストレスがたまって落ち込んでしまうこともあるでしょう。

そういうとき、苦手な人はどうしてもイヤな面ばかりが目につきます。イヤな面ではなくいい面を探してあげることです。そうすれば、相手も自分をよく理解してくれると思いその人との関係はいい方向に向かうことでしょう。ですから、そういう人を敬遠せずに、相手から好かれる方法を身につけておきましょう。

相手から好感を持たれるには、その人をほめるといいのです。その相手の持っているいい面を探して、口に出してほめてあげることです。そうすれば、相手はいい気持ちになって、あなたのことを好きになります。

ほめることはどんなに小さなことでもいいでしょう。

「いつも笑顔で挨拶《あいさつ》している」

「字が上手だ」

「食事のマナーがいい」

「企画書がうまく書ける」

「電話の応対がうまい」

「机の上がいつもきれいだ」

など自分から見て、その人の尊敬できる、魅力的だと思う部分をほめてみるといいと思います。

特に、相手がこだわりを持っているところを見つけて、そこをほめてあげると、ほめられた側はとてもうれしく感じます。ですから、相手を苦手だと思うのではなく、まず少し観察してみることです。そうすればいいところの一つや二つは見つかるはずです。

相手の長所を探していると、自分も気分がよくなります。いままで拒絶していた人を受け入れている自分自身が好きになるからです。

周囲の人のいいところを見つけて、それを認めて素直にほめる習慣をつければ、苦手な人ともいい人間関係を築くことができると思います。

「イヤな人」「苦手な相手」などと決めつけてしまうと、なかなか関係がよくなりません。また、相手にないものをほめても信用されません。うそをいっても、うわべだけのつき合いだと思われて、さらに悪い感情が生まれます。

相手をしっかりと見て観察し、あなたが気づいた相手のいいところをほめてあげたとしたら、とても喜んでくれるに違いありません。

上司や先輩とうまくつき合うコツも、そういうところにあります。

相手のことをよく観察して、情報を集めるのです。先輩や上司がどんな人かがわかるだけで、気持ちが楽になるでしょう。

その人から嫌われたら立場が悪くなる、というような情報を持つことができれば、とくにその人に気を遣うことでトラブルは避けられます。そういう確かな情報をつかめば、相手を苦手だと思わずにもすむでしょう。

ただし、気をつけなければいけないのは、直接的に聞いてはダメだということ。

「○○さんはどんな人ですか？」

というようにダイレクトに聞くと、人のことをかぎまわっているように思われて、かえって悪い印象になってしまいます。

その人がどんな人かを知ることは、そう簡単にはできません。時間をかけてまわりの人から情報を得て、苦手な人をなるべく減らし、賢く人間関係を築いていくべきでしょう。

自分の感情を理解してコントロールする

失敗やトラブルに強い人は、知能が高いだけでなく、人間的な能力を持っているといえます。心理学的にいえばそれはEQ的な能力が高い人だと考えることができます。

EQ（emotional quotient）とは、ダニエル・ゴールマンという心理学者が書いた『EQ～こころの知能指数～』で有名になった概念です。日本語では「情動指数」「感情指数」などと訳されています。

EQは、自分の感情の傾向を知り、どこが強みでどこが弱点かを知る目安になるものです。自分の感情を理解して成長するには、弱点を把握することが大切なのです。

知能指数と訳されるIQ（intelligence quotient）よりEQが大事だということではなく、IQだけでなくEQも高くないと社会的に成功できない、という考え方です。

頭がいいのに何をしてもうまくいかない、という人には欠けているものが3つあります。

ひとつ目は、「自分の感情を理解してコントロールする」こと。

「自分は瞬間的にパニックに陥った」

「いまは落ち込んでいるので、悲観的になっている」

失敗に直面したときでも、そんなふうに自分の現在の感情の状態を理解して、それをコントロールできれば心理的ダメージは少なくてすみます。しかし、自分のそれが理解できなければコントロールすることもできないわけです。

2つ目は、「自己動機づけ能力」です。

「失敗したから、自分はもうダメだ」

などと悲観的になるのではなく、あきらめないで持続するために、失敗を最悪のものにしない力を養うこと。そして、そこから成功へとよい方向に持っていく能力をつ

ＥＱをビジネスで役立てるメリット

①交渉がうまくなる

②接客がうまくなる

③チームをマネジメントできるようになる

④深い人間関係を築くことができるようになる

⑤仕事にプラス思考が働くようになる

⑥対人関係が向上する

⑦感情的にならない

⑧不平・不満をいわなくなる

けること。それが「自己動機づけ能力」です。そういう能力は、「ＥＱ的能力」とされています。

そして最後に、「対人関係能力」です。

他人の気持ちを理解してよい関係を持ち、失敗したときに他人に意見を求めたり助けてもらえる力。あるいは、ひとりで考えるのではなく大勢の人と意見を共有し合える力。これが欠けていると、失敗はさらに悪化します。

「気の合う人」を見つけましょう、と前述しましたが、そういう相手がいることが、失敗を悪化させずにすむ力になるわけです。

ＩＱ的な能力だけを使って失敗に対処するのではなく、ＥＱ的な能力を使って失敗を悪い方向にもっていかないようにする、というのが失敗に強くなるために必要な能力だといえます。

特にビジネスでは、ＩＱだけではなくＥＱが深くかかわっていて、自分や相手の感情の状態を理解することが成功の大きな鍵と考えられるようになっています。

ＥＱを高めるための5つのステップは第6章で詳しくご説明します。

第5章〈人間関係編〉

信用と信頼を生む「感情生活」

「感情切り替え能力」を発揮するヒント

感情は本当にコントロールできるのでしょうか？

小さい子どもは、親から怒られたり友だちとケンカをしたりしたあとに、大声で泣くことがありますが、つい先ほどまで泣いていても、ちょっとしたキッカケで笑顔になったりします。

大人でも、気の合う友だちが集まると、他愛もない話題に大笑いしたり、急に話が変わって議論し合ったりするでしょう。

そういうとき、誰もが無意識のうちに感情のコントロールをしています。

悲しいことがあったときや腹が立ったときなどに、その感情をいつまでも引きずらないで切り替える能力は、潜在的には誰にでも備わっているはずです。感情を切り替える練習を常日頃からしておくといいでしょう。**それには日頃から一歩引いて物事の全体を見る訓練をすることです。そうすれば、次第に感情のコントロールはできるようになるでしょう。**

要するに、感情をコントロールするのに大切なのは「感情切り替え能力」だといえます。

シンプルにいえば人間関係がうまくいかないのは、芽生えたままの状態の自分の感情に振りまわされるからです。「生の感情」に右往左往するのではなく、「待てよ」という視線をもつことです。

感情のコントロールが上手にできれば、人づき合いの問題は、おおよそ解決できるといっても過言ではありません。それだけではなく、その能力はビジネスにおいて大きな効果をもたらすことになります。交渉相手の気持ちを理解し、相手の感情に振り回されずこちらは常に冷静に対応することができるようになるでしょう。きっとタフなネゴシエイターになって恐れられるに違いありません。

それでは、その「感情切り替え能力」を身につけるためのヒントを、この章でお話ししていこうと思います。

喜怒哀楽を素直に表現しよう

「感情表現が豊か」とまわりからいわれる人には特徴があります。当たり前といえば当たり前ですが、喜怒哀楽がハッキリしています。

基本的には、気に入らないことがあったら腹を立て、楽しいときは笑い、淋しいときや悲しいときは暗い表情を浮かべ、うれしいことがあったら体全体で喜びを表わします。

逆に、感情表現が上手にできない人は、常にまわりの人に不機嫌な印象を与えます。

気に入らないことがあっても、顔に出しません。表情を変えるということは「発散」効果があります。発散しなければ、いつまでもイヤなことを忘れられないでしょう。そういう人は、うれしいことがあっても喜びを表現しませんから、周囲の人も気がつかないので言葉をかけてもらえません。

相手に自分の気持ちをわかってもらえなくては、人間関係を円滑にすることはできません。「喜怒哀楽」の感情を素直に表現することは、とても大切なことなのです。

不思議なもので感情を表に出さないと、何となく怒っているように見えます。当然、周囲の人からはあまり好かれません。まわりの人たちも、気持ちがわからないため、どのように接したらいいかがわからないからです。

「あの人は、いつも何を考えているのかわからない」

「何だか、いつも怒っているように見える」

そういわれたとしてもしかたがありません。

偏屈な人間だと思われてしまうこともあるでしょう。しかも表情が乏《とぼ》しいからか気難しそうに見られ、近寄りがたい印象を持たれがちです。ほとんどは誤解であるにもかかわらずネガティブに捉えられてしまうわけです。これは決して幸せなことではありません。

人というのは、幸せそうな人のまわりに集まってくるもの。

ツキに恵まれず、運のない人生を送っているように見える人のところには、近寄ってこないのです。仕事関係でも友人関係でも、恋人関係でも、一緒に仕事をしてみたい、仲よくなりたいと思わせる人は、間違いなく感情の表現がうまい人です。

人間関係を円滑にしたいと思ったら、

「あの人と一緒にいたら楽しそう」

「あんなにがんばっている人なら応援したい」

「あの人からはいいことが教えてもらえそう」

「見ているだけで元気がもらえそう」

そんな期待を持たれるような資質を身につけることがいちばんです。

ただし、一見、感情表現が上手と思える人でも必ずしも成功するとは限りません。

感情表現は単なるパフォーマンスではありません。その人の知性、感性が表われます。知性や感性のレベルが低ければ、ただの「いつもいい感じの人」で終わってしまいます。

知的レベルが高く、感性も豊かな人、感情のコントロールがうまい人は、得体の知れない感情に振り回されることがありません。情緒的に安定しています。ですから、何をするときでも、集中力があって実力を発揮できます。冷静に物事に対処することができるわけです。

ですから、円滑な人間関係を築くためには、意識して自分の感情をコントロールすることが大切です。そうすれば、多くのビジネスチャンスを活かすことができ、周囲の人の信頼を得ることもできるはずです。

感情表現が苦手で、不器用な人はたくさんいます。しかし不器用な人ほど一瞬の笑顔が魅力的に見えることもあるのです。自分で苦手だと決めつけることがいちばん良くないことです。小さくても喜怒哀楽を表現してみましょう。

不器用な高倉健《たかくらけん》さんの笑顔はどんなものよりもチャーミングだとは思いませんか？

自分の感情を瞬間的に見直す練習

私たちは、朝起きてご飯を食べ、仕事を持っている人は職場に出かけ、家事をこなす役割の人はその日の家事をこなして、昼食を摂《と》り、午後の用事を済ませて帰宅し、夕食を摂って就寝する、というような毎日を過ごします。職場では上司や部下、同僚とかかわり合い、家庭にいれば近所の人や子ども、その子どもの親たちとかかわり合います。

誰もが自分の役割をこなし、その生活の中で感じたことを表情に出すわけです。この日々感じる気持ちの移り変わりを「感情生活」といいます。

日常の生活は、だいたい誰もが似たような形式で過ごすと思いますが、感情生活は違います。

いつもほがらかで機嫌のいい人もいれば、いつも仏頂面で機嫌が悪そうな人もいます。

子どもも同様で、いつも楽しそうに笑っている子もいれば、いつもかんしゃくを起こして不機嫌な子もいます。

同じような生活環境、職場環境、家庭環境の中で、生活レベルもそれほど違わないのに、感情生活がそんなにも違うのはどうしてだと思いますか？

いつも不機嫌な人は、常に何かに不満を持っています。たとえば、上司や部下の態度、夫や妻の言動、子どもの成績、毎日の生活費、人間関係のわずらわしさ……。だれも自分に感謝してくれない、と感じ、明るい笑顔でいる人を見たら、無意識ににらみつけたりしてしまうこともあるでしょう。

そういう人は、自分に笑顔がないことに気がつきません。

不安、不満、憤《いきどお》り、怒り、嫉妬などは、自分ではなく周囲のせいだと思っているのですから、自分を振り返ってみることなどしないわけです。

まわりから見て、いつも機嫌が悪そうな人だと感じたら、近寄ってくるわけがありません。誰でも、明るく元気な人と一緒にいたいですよね？

誰も近寄ってくれないと友だちもできず、職場でも家庭でも人間関係を良好に築くことはできません。そうなると、いっそう不機嫌さが増し、表情も暗くなってしまうでしょう。

では、不機嫌な表情で過ごさないためには、どうしたらいいでしょうか？

私は、「自分の感情に敏感になること」が大事だと思っています。

冷静に自分の感情を分析できれば、いま、自分がどんな表情をしているのかということも自然と意識しはじめます。自分の感情に敏感になれば、気分を変えることも、意識してできます。笑顔でいることもできるようになるのです。そうなれば、周囲の雰囲気も格段に和らぎます。自分自身の感情生活に敏感になれば、悪い感情に支配されそうになっても、その感情をエスカレートさせずに気分転換することができると思います。

ですから、自分の感情に敏感になること、自分自身の感情ウォッチングをすることをおすすめします。

まず、自分の感情を瞬間的に見直す練習をするといいでしょう。それには、今、自分がどんな感情を持っているのか、自問してみるのです。

また、一日が終わるとき、今日の自分の感情の流れをチェックしてみるのもいいでしょう。

「あのときは、こんな気持ちだった」

「あのときは、こういう表情をしていたはずだ」

自分を客観的に振り返ることができるようになります。

そうした習慣を身につけていくと、自分が不機嫌になったときの原因にも気がつきます。

嫉妬、ねたみ、不満、憤り、怒りなどの悪感情の原因がわかれば、ストレスを自覚的に軽減できるようになりますし、明るい表情を保つことができるようになるのです。

イヤなことは忘れて悪い感情を処理する

嫉妬、ねたみ、不満、憤り、怒りなどの悪感情は、心の中に少しずつたまっていって悪循環を引き起こします。気持ちがどんどん落ち込んでいき、感情生活が健全に保たれません。

いつもスッキリとした明るい気分で過ごすには、悪い感情が生まれても自分で上手に処理ができるようにならないといけません。

そうなるにはまず、イヤなことを「忘れる」ことです。

誰かがいった言葉がひっかかる、相手の表情や態度が気になってしまうと、悪い思考がどんどん進んでいきます。

そんな根拠のない悪い思考の流れは一刻も早く断ち切らねばなりません。

何か気になることがあっても、誰かに怒りを覚えても、すべて、自分の意識から遠ざけるのです。

とはいっても、喜怒哀楽以外のネガティブで厄介《やっかい》な感情を無視することはできません。それは先ほどからたびたび登場する「嫉妬」「妬み」といった感情です。いくら、こだわりのないおおらかな性格の人でも簡単に忘れることはできないものです。そこが人間たる所以《ゆえん》でもありますが。簡単に忘れることができない感情とはうまく折り合いをつけてつき合っていくのが懸命でしょう。

では、忘れられるようになるコツをお教えしましょう。

まずあなたは、自分がイヤなことを忘れられるのはどんなときか？

きっと、大好きな人と会っているとき、仲よしの友だちとおしゃべりしているとき、尊敬する人に頼られたとき、旅行先でリラックスしているとき、誰かに信頼されたと感じるとき、おいしい料理を食べているとき、お気に入りの洋服を買ったとき……。さまざまなシチュエーションが心に浮かぶはずです。

そんな心理状態にあるとき、心の中にあった悪い感情は忘れてしまうのが、普通の人間です。カンファタブル（心地よい）な気持ちになると、イヤなことは心から消えていくのです。

ということは、イヤなことを忘れるためには、いつもの生活の中に気分がいい時間をたくさんつくればいいわけです。

したがって、気の合う人に囲まれていたり、自分にとってカンファタブルなことに集中できる時間を持つことができれば、悪い感情が生まれてもすぐに忘れられるはずです。

いっぽうで人間は気分が落ち込むと、知らぬ間に、何もしたくなくなります。

「今は何をやっても気分がのらない」

「こんなときは、何をしても楽しいはずがない」

そんなふうにポジティブな気持ちが影をひそめます。やりたいことも会いたい人も思い浮かばない、ということもあるでしょう。

しかし、こういう心理状態が続くと、感情の老化を招きかねません。これは実年齢とは無関係です。よく考えてみると、会いたい人はいるはずですし、やりたいことだってあるのです。それを冷静になって思い浮かべる努力をしてみましょう。

もし、どうしてもやりたいことが思い浮かばないというなら、とにかく外に出て、散歩でもドライブでもしてみるといいでしょう。それだけで気分が変わっていきます。

また、最近会っていない友だちや家族に、手紙を書くとかメールを出してみる、という方法もあるでしょう。何よりも自分のほうからアクションを起こすことです。

「カラ元気」でもいいのです。

「最近、どうしてる?」

それだけでもいいのです。

「お元気ですか?」

それだけでも相手からのリアクションがあるかもしれません。

イヤなことを忘れるのが上手な人は、フットワークの軽いタイプです。悪感情を捨てて身軽に生きることこそ、感情を安定させるポイントだということを覚えておいてください。

夜、寝る前の「感情ウォッチング」

感情のコントロールには、他人や周囲の人に惑わされずに自分の気持ちを見直すことが大事だ、と何度も述べてきました。

イヤなことを忘れるには、ひとりになったとき、勇気を出して自分の感情と向き合い、心の中をしっかりと見つめ直すことが大切です。そこで、夜寝る前に感情をクリーニングする時間をつくってみたらどうでしょうか。入浴し、女性なら化粧を落とし、歯を磨くように、感情の汚れも落としてあげましょう。

悪い感情が心に残っていると、なかなか寝つけなくなります。

しかも、悪い感情を誰かに話してしまったときは、忘れたはずの感情がさらに増幅されて悪感情を引きずることになります。ですから、イヤなことや悪い感情は、自分ひとりになったときに整理し、処分する必要があるわけです。

感情の動きはじつに不思議です。かならずしも強い感情ではないのにもかかわらず、いったんその感情を言葉に出してしまうと、心の中に強くインプットされてしまいます。

感情コントロールがうまい人は、うわさ話や悪口はうかつに言葉に出しません。言葉に出してしまった感情は、周囲の人ばかりではなく、自分にも少なからず影響を及ぼします。

ですから、そういう感情の動きに振り回されないように寝る前に一日の出来事を思い出し、イヤなことは、その日のうちに心の中から消してしまいましょう。

そして、次の朝、新鮮な気持ちでスッキリと目覚めることができれば、充実感を持って一日が始められます。

朝はとても穏やかな気持ちで過ごせる時間帯です。それは、一日が始まったばかりだからです。家族以外は誰とも顔を合わせないわけですから、自分と静かに向き合うこともできるでしょう。

朝、窓を開けて新鮮な空気を吸い込み、今日一日を想像してみてください。英気がみなぎってくるはずです。すると自然に、気持ちが明るく前向きになっていくのがわかると思います。

ですから、朝は、あわただしく過ごすのではなく、少し早めに起きてゆったりとした時間をつくることをおすすめします。大急ぎで支度をして朝食を摂り、駅まで早足でいって電車に駆け込む……という生活では、せっかく前の夜に感情クリーニングしたのにもかかわらず、イヤな感情に支配されてしまいます。

「遅刻しそうだ」「うまく化粧できてるか不安」「今日の服おかしくないかしら」……。朝は余裕をもってリラックスした気持ちが大事です。1日のスタートからイヤな感情に支配されないようにしましょう。

夜には自分なりのリラックス法を使ってグッスリ眠り、朝は快適に目覚め、心の清掃をする。こうした習慣を身につければ、感情コントロールが上手になって充実した日々が過ごせるのです。

周囲の人に誤解されない感情の表現方法

嫉妬、ねたみ、不満、憤り、怒りなどの悪感情にとらわれているときは、周囲の人の表情やしぐさの一つひとつが気になります。

「あの人に嫌われるようなことをしてしまっただろうか」

と、相手の態度が気になったり、

「私はあの人に、避けられているのではないだろうか」

などと不安になったりするのです。

そうなると、感情はさらに悪い方向へ進みます。

しかも、恨みや怒りがふくらんでしまい、周囲の人に誤解されることも多くなります。

その場にいない人の悪口や中傷も、周囲から誤解される大きな原因になります。そのことを知っていて、悪感情を表面に出さないように気をつけていても、つい、それを口に出してしまうことがあるでしょう。しかし、悪口や中傷は自分にとっても、他人にとっても「百害あって一利なし」です。

とはいえ、怒りを爆発させてしまうことや、本当にうれしいことがあってはしゃぎすぎることなどは、誰にでもあることです。そうした行動は、感情を素直に表現するという意味では、悪いことではありません。

しかし、他人の悪口や皮肉などをいうと、嫉妬や恨みが周囲に見抜かれ、まわりの人によい印象を与えません。自分の考えや気持ちをそのまま表わすのではなく、時には本音と建前を上手に使い分けることを心がけたらいいでしょう。正直な気持ちを相手に伝えたことで、逆に悪い気持ちをもたれてしまうのは悲しいことです。ちょっとずるいかなと思っても、そこは大人の対応をすることが肝心です。

ですから、嫉妬や恨みなどの感情を露わにする人を見ると、多くの人が「醜い」とか、「みっともない」と感じます。「自分はあんなふうになりたくない」と思うはずです。これではいい人間関係を紡ぐことなどできるはずがありません。

自分の感情がいま、どういう状態にあってどんな姿をしているかがわかっている人は、悪い感情を持ったときでも、すぐにそれを言動に表わしたりはしません。不機嫌な感情を表に出すことはないし、他人の悪口などもいいません。どんなに悪い感情を持っていても、明るく元気な表情をしていれば、好感が持たれて誤解されることはありません。

人間は、自分に対してジェントルな人に会うと、誰もがその人に好感を持ちます。理解者になりたいと思いはじめるのです。

人は感情から老化する

人間の感情は何のケアもしなければ、年齢とともに老化します。男性も女性も、40歳前後からその兆候が現われます。交友関係が限られてきて心が動かされることが少なくなるからです。

その理由として、新たな人間関係の広がりがなくなってくることがあげられます。会社でも個人的な関係でも、中年期以降からは友人がそれほど増えるわけではありません。顔を合わせるのは、いつもの上司や部下、同僚など。

また、女性の場合なら近所のママ友だちや奥さまたちだけということになります。ワクワクすることも少なくなります。家族や夫婦も、毎日顔を合わせているとドキドキすることもなくなり、場合によっては、相手に対する不満が湧いてきたりします。

テレビを観ていても、おもしろいと感じることもなくなります。ステキな異性に出会ったとしても、いまさら何かが始まるわけでもないと考え、トキメキのない感情生活になっていくのです。

夢を語り合う友人も減り、夫婦関係もかつての熱は影をひそめます。子どもは成長し、一緒に遊ぶこともおしゃべりをすることさえも減っていくでしょう。

その上、自分自身の体力や気力の衰えを実感しはじめます。このまま大過なく過ごしたとしても大きな飛躍など望めません。さらに外見や服装にもそれほど気を遣わなくなっていきます。

何だかどんどん落ち込んでしまうような話になりましたが、40代以降になるとドキドキ感を失い、「感情の老化」が始まってしまうというわけです。

その老化を止めるにはどうしたらいいでしょうか。

前述したように、まず自分の感情に敏感になること、これに尽きます。そして、自分自身の感情ウォッチングを日々忘れないこと。

日々、自分の感情を見直す練習をしましょう。嫉妬、ねたみ、不満、憤り、怒りなどの悪感情を少しでもとり去り、明るい表情を保つことです。自然とトキメキを感じるようになります。


また、年齢を重ねると「ひとりよがり」の兆候も現われます。

「がんばっているのは自分だけなのに」

「なぜみんなはわかってくれないのか」

そんな思いが強くなる人が多いようです。自分の生き方、キャリアへの賛辞、敬意を求めはじめます。仕事や家事をひたすらがんばっているのに、誰も自分のことを見てくれないと、ついすねてしまいます。

しかし、がんばっているのはあなただけではありません。

そんな不機嫌な感情のトリコになって、いつまでも不機嫌のままでは、次第に人間関係も悪化していきます。

自分だけが「悲劇の主人公」になってはいけません。まずは一歩引いてまわりを見渡してみることが大事なのです。

その悪循環を避けるために感情生活を活性化しなければなりません。

「喜怒哀楽」をハッキリ表現し、楽しいときには大声で笑い、苦しいときには助けを求め、怒りがこみ上げてきたときは怒る……。そんなふうに喜怒哀楽にブレーキをかけない生活が感情の老化を止めてくれます。

また、人を好きになることです。前向きな気持ちが生まれてきます。

それは、友情でもいいし、家族に対する家族愛でもいいのです。身近に「好きだ」と感じられる人がいると、明るく前向きになれて、精神状態も穏やかになるようになります。すると、周囲の人にやさしく接することができ、人の意見も素直に受け入れられます。物事を肯定的に受け止められるようになれば、ふたたび感情生活が活発に動きはじめるのです。

あなたも今日から、トキメキを忘れないように心がけ、「感情の老化」を防ぐことを意識しましょう。

自分がわからない人は他人のこともわからない

自分の感情さえわからない人が、他人の感情をわかることなどできるはずがありません。人間の感情はそれほど単純なものではないからです。

人間は、まわりの人を、自分の感情で見ています。

平常心を保っている状態では、その見方もそう間違ったものではないかもしれません。

しかし、自分にうれしいことがあって興奮状態にあったり、悲しいことがあってどうしようもなかったりすると、そうはいきません。その自分の感情でいっぱいになってしまい、相手の感情を読み間違えることもあります。

たとえば相手が怒っていることに気づかずにさらに怒らせてしまったり、うれしい気持ちを察することができずにガッカリさせるような言葉を口にしてしまったりするわけです。

喜怒哀楽など心理状態が顔に出ない人もいます。相手の性格をよく知らない場合などはまず自分の立てた相手の心理状態への仮説を脇において、相手に目を向ける必要があります。

もちろん感情のいき違いをなくすには、まずは自分自身のことをよく理解しておくことが大事です。自分がいま、どんな心理状態になっているのかを把握しておかなければなりません。自分の心理状態を無視していれば、相手に気を遣う余裕など生まれるはずがありません。

自分が理解できると、周囲の人に対する思いやりが生まれ、

「あなたはいま、こんな気持ちなんじゃない？」

「時間があるとき、ゆっくり話がしたいね」

そんな、言葉をかけることができるようになるでしょう。

そういう言葉がかけられるようになれば、周囲の人とスムーズにコミュニケーションがとれるようになります。

優柔不断な完璧主義より失敗しても速い決断を

私たちの日常生活には、すみやかな決断と実行が迫られる場面がたくさんあります。さらにその決断と実行によって具体的な結果を求められることもしばしばです。ストレスもたまる一方です。

多くの人は、何かを決断し、実行するときに、

「もし失敗してしまったらどうしよう！」

不安な心理状態に陥ります。悩み抜いたうえに決断ができないこともあるのではないでしょうか。

場合によっては周囲の人から厳しい評価が下されます。

「アイツは決断ができない」

「あの人は自分からは何も決められない」

優柔不断のレッテルを貼られてしまうのです。

しかし大切なことは、「致命的な大失敗をしなければいい」という発想です。

「命までは取られはしない」

ときには、こうした発想も必要です。仕事のシーンであれ、プライベートなシーンであれ、人生においては、失敗することよりも、優柔不断でいることのほうが、他人から信用を得られないという局面もあるのです。

そのとき直面している困難事態に対して、いつも完璧な対応策が見つかるわけではありません。決断と実行が最優先されるシーンでは、少なからず、リスクを取らなければならないのです。

それができる人は、上司、同僚、後輩、あるいは友人、知人から高い評価が得られます。その出来事を機に、信用度が格段に高まるでしょう。

その局面で考えられる最善の対応方法をすみやかに見つけて決断しなくてはなりません。

完璧主義は誤りではありませんが、現実を無視した完璧主義は本末転倒そのものです。

完璧主義のために、対応が遅いとトラブルが連鎖を招くこともあります。瞬時に決断をくだせるようにならないと、まわりから「判断が遅い」といわれてしまいます。

かりにその決断と実行が、失敗に終わったとしても、後悔の感情を持ち続けないこと。

「もし失敗してしまったら、またやり直せばいい」
「ダメだったら、別のやり方を考えよう」

それくらいの楽天的な気持ちで物事に対応していけばいいのです。自分自身の進化にもつながりますし、周囲の人との関係もスムーズになるはずです。

感情を整えて話す・聞く・質問する

人間関係のトラブルはほとんどがじつにささいなことから生じます。

たとえば、話し方、態度、表情、身だしなみなどが原因になることもしばしばあります。

「人間の中身に関係ないじゃないか」

そう感じる人もいるかもしれません。しかし、これらのことこそ「人間の中身」という見方もできます。なぜなら、そうした要素が相手に対して、不快な感情を与えることがじつに多いからです。

とくに「話し方」は、人間関係のトラブルを生み出す大きな要素といえます。

だれかと話をするときは、なによりも「明快さ」と「シンプル」が求められます。

たとえば、「イエス」「ノー」はハッキリと答えるようにしましょう。また、わからないことにはあいまいに返答せず、「わからない」という意思表示をすることです。これが欠けた話し方は、間違いなく、相手に不信感を与えます。

話し方ばかりではありません。聞き方も重要です。人は、コミュニケーションの際、「聞いてほしい」という心理ニーズを持っています。まずは、そのニーズを満たしてあげることです。

どんな場合でも、「聞いている」という姿勢を強くアピールすることです。聞き上手になれれば、相手の感情がわかるようにもなります。

あなたが真摯《しんし》な態度で聞く姿勢を保っていれば、話すことが苦手な相手でもリラックスできます。その結果、その人から好感を持ってもらえる可能性が高いといえます。

真剣に自分の話に耳を傾けてくれる人に悪い感情を持つ人はいません。しかし、聞いてばかりでは、

「この人、私にばかり話をさせて自分のことは何も言わない」

逆に誤解されてしまうこともあります。そんなときは、「私の場合は……」と自分のことも上手に話すようにしましょう。自分から心を開いている態度をみせれば相手の感情もやわらいでくるものです。

ただし、注意も必要です。話しているのをいきなりストップされると、誰でもイヤな気分になります。まずは相手の話をしっかりと聞いてから、質問したり、自分の思っていることをいう、という習慣を身につけることです。自然と話し上手、聞き上手になれると思います。

また、質問をするときには、忘れてはならないポイントがあります。

「お聞きしたいことが2点あります」

「数字で示していただけますか」

そんなふうに質問の焦点をしっかり絞ることです。相手も答えやすくなります。とにかく論点を明確にして話を進めていくと、スムーズにコミュニケーションがとれるようになるでしょう。

そして、相手の心理ニーズを満たすことを忘れてはなりません。そして、「明確に話す」「話を聞く」「的確な質問をする」という点に注意しましょう。そうすれば、相手の感情を害することなくコミュニケーションの達人になれるかもしれません。

「第一印象」が人間関係を決定する

多くの人は、自分が好印象を持っている人の意見は、素直に聞き入れることができます。

しかし、あまりいい印象を持っていない人の言葉は、それがたとえ正論であっても素直に受け入れることができません。

好印象の人とは共感でき、相手の知識を受け入れることも簡単です。何の努力をしなくても、人間関係はスムーズに築けます。

逆に、悪印象を一度持ってしまった相手とはどんなに表面上はつき合っていたとしても、折にふれて関係がギクシャクしてしまいがちです。

そう考えると、自分が誰かに与えている「印象」というのは、とても重要なものだということがわかります。

最初にイヤな印象を持つと、その人の短所にばかり目がいってしまうからです。

ですから、初対面の相手には、第一印象を重要視しなければなりません。明るく元気な表情を前面に出して、自分が「オープンマインド」であることをアピールすべきでしょう。そうすれば、好感が持たれる可能性が高いということです。

「如才《じょさい》ない」という言葉があります。「気が利《き》いていて、手抜かりがない」「愛想がよい」という意味です。この如才なさは、人づき合いをスムーズにするコツなのですが、これを苦手にしている人が少なくありません。

その理由を考えてみましょう。

私たちの人間関係は、家族やごく一部親密な友人関係を除いて、そのほとんどは

「表層的」なものです。「表層的」などというと、心の通わない冷たい関係をイメージするかもしれませんが、それが現実です。しかし、それでいいのです。軽い人間関係と割り切ってしまえばいいのです。

ところが、多くの人はどういうわけか、身構えてしまいます。身構えるということはじつに重いものにしてしまっているともいえます。

軽いものと割り切ってしまえば、如才なさを「演じる」ことなど、さして苦になるものではありません。とくに初対面の人の場合、この如才なさこそが、相手に良い第一印象を与える決め手なのです。

「表面的で、軽くていいのだ」

そう考えれば、如才なさを演じることへの不快さ、面倒くささ、あるいはプライドが傷つくといった感情は消えてしまいます。これも有効な感情コントロールです。

そのことだけで人間関係が円滑になるのなら、いいのではないでしょうか。

感情と認知はお互いに影響し合い、切り離せないもの。

認知を変えることで感情も変わってきます。好感情は相手に伝わります。だからこそ、自分の感情をコントロールするのです。そうすることで人間関係が円滑になり、生きていくこと自体が楽しくなるでしょう。

第6章
感情を整えれば人生が変わる

トラブルを処理するIQとEQの使い方

第4章でも述べましたが、自分の知能や知識だけで考えるIQ的な能力だけでトラブルに対処するのではまず解決は図れません。重複しますが、EQ的な能力を使ってさまざまなトラブルの対応法を考えなければなりません。

EQ理論のダニエル・ゴールマン博士は、EQの要素を5つに分けて説明しています。

①自己認識→自分の感情を正確に知る。
②自己統制→自分の感情をコントロールできる。
③自己動機づけ→やる気を出し、楽観的に考えることができる。
④共感能力→相手の感情を知る。

⑤対人関係処理能力→①～④をふまえて、社交能力を発揮できる。

①の「自己認識」は、自分自身の感情と、それが自分にどんな影響を与えているかを理解したり、自分の感情パターンの長所と短所を把握すること。

②の「自己統制」は、自分の破壊的な感情や衝動をチェックしたり、自分に信頼性があるかを客観的に見たり、発言に責任を負うことや適応性、良心性があげられます。

③の「自己動機づけ」は、向上しようと思うこと、集団の目標に合わせること、障害があってもあきらめないこと。

④の「共感能力」は、相手の感情や思考を理解した上で、相手の関心事を理解すること、相手のニーズを満たすことなど、人とのかかわり合いの中からチャンスを広げていくこと。

⑤の「対人関係処理能力」は、④の共感能力を利用し、説得のために効果的な方策を利用すること。コミュニケーションがうまくとれること、意見の不一致を解決する

こと、リーダーシップがあること、変化を起こしてマネジメントすること、連帯関係を育《はぐく》むこと、協調性があること、チーム全体で目標を追求させていくこと、などがあげられます。

自分の感情を知ることが感情のコントロールの第一歩であり、それができれば、「動機づけ」すなわちモチベーションを高めることができるということです。高いモチベーションを保てる人は決して悲観的にはなりません。どんな障壁があっても次の手を考え前向きに取り組んでいくことができます。

そして、まわりの人のこともしっかり理解しているため自分ひとりが独走するようなこともありません。したがって、非常にいい人間関係を保つことができるのです。

ＥＱを高めるには、次の５つのステップを頭に入れておくといいのです。

①自分の感情の状態を知るクセをつける。

②自分なりの感情コントロール術を意識する。

③自分なりのテーマや目標を持ち、難しいときはごほうびを用意する。
④相手の立場になって考えるクセをつける。
⑤相手の心理ニーズに合ったものを与えられるようにする。

失敗の予兆をつかむ気配り、心配り

トラブルに巻き込まれないようにするには、留意しておかなければならないポイントがあります。それは、そのときの状況における小さな変化を見逃さないことです。その小さな変化が、失敗やトラブルの始まりにつながりはしないか、チェックするスタンスが必要です。

どんなときにトラブルが起こりやすいかを知っておくと、突然のハプニングやトラブルが起きたときのパニックを最小限に防ぐことができます。

予兆をつかんでおけば、トラブルの被害を最小限に抑えることができるのです。失敗が起こりやすい、あるいは、トラブルに巻き込まれやすい状況はどういうものかを把握しておけば、すみやかな「初動」が可能になります。

また、物事がうまく進んでいるときほど、トラブルや失敗の予兆を見逃しやすい、ということをよく覚えておきましょう。

うまくいっているときは、少しのつまずきを見逃しやすいものです。

逆に、問題が発生したり、さまざまなプロセスで円滑さを欠いたりしている場合には、さらなる悪化を防ごうとする意識が高まります。ですから、それほど大きな失敗につながらないことが多いものなのです。

「好事魔多し」という言葉を思い出してください。

順調に物事が進んでいるときのほうが、つい失敗の予兆に気づかず「大失敗」を起こす可能性が高いということです。

さて、その予兆をどうやってつかむかが問題です。

「どんな事態においてもトラブルが起こる可能性はゼロではない」

このことを忘れてはなりません。それを忘れなければ、トラブルが発生しても素早く対処ができます。予兆を見逃さず予知する。その時点でトラブルを予見し、事態を具体的に予想しておけば、パニックに陥ることはありません。

そのためには、起こりうる複数のシナリオを、自分の頭に入れておくことも大事です。

「最高にうまくいったときは、こうなるだろう」

「普通にできれば、こうなるだろう」

「最悪の場合は、こうなるだろう」

そんなふうに、複数のシナリオを用意しておくのです。

さまざまな可能性を排除しないスタンスを保っていれば、トラブルの予兆に気がつきやすくなるでしょう。そして、失敗の予兆がつかめるような心の準備さえしておけば、過度な不安を抱いたりパニックに陥ったりすることはないのです。まさに「備えあれば憂いなし」です。

それでも失敗したらどうするか

ひとつの失敗が、さらに大きな失敗、まったく別の種類の失敗につながるというパターンがあります。こういう事態を招く要因として、当事者の心理的混乱があげられます。たとえば失敗したことに対して極度の精神的ダメージを受けてしまい、冷静な判断力が完全に欠落したりする場合です。ときには一時的なうつ状態に陥り、感情に飲み込まれるパターンです。

あるいは当事者が、失敗を隠そうとしたり、虚偽の報告をしたりして、さらに悪化させるパターンもあるでしょう。

失敗を組織のほかのメンバーのせいにするケースもあります。まずはメンバーが一致団結して解決を図らなければならないにもかかわらず、組織の人間関係が最悪の状態となってしまいます。当事者は解決どころか隠ぺい工作に必死になったりします。

そんな状態だと、トラブルや失敗が悪循環を繰り返し、さらなる失敗が生じることにもなりかねません。

こうした悪循環は、当事者のもともとの思考パターンが悲観主義的傾向が強いタイプだと、ますます悪い結果を招く可能性があります。

そうした流れを断ち切るために、まったく別の思考パターンを身につける必要があるでしょう。

失敗を成功に変える思考パターン

トラブルにあったり、大きな失敗をしてしまったとしても、その事態にどう対処するかによって、結果は大きく変わります。

ここでは、「失敗が失敗を生む思考」と、「失敗が成功に変わる思考」について考えてみましょう。


まず、「失敗が失敗を生む思考」です。

失敗がさらに失敗を生んでしまうパターンは、失敗の原因究明、分析に思考が及ばないことによって発生します。

当事者が失敗を他人のせいにしてごまかそうとしたり、ただただ後悔したり、絶望したりするだけという事態です。


では、「失敗が成功に変わる思考」とはどういう考え方でしょうか。

それは、「失敗は誰でもするものだ」と、考えられるかどうかが大事なポイントになります。

「失敗は誰にでも起こる」と想定しておけば現実に生じた事態を客観的かつ冷静に受

け入れることができます。希望的観測、感情的な要素を排除して、失敗に至ったメカニズムを解明する姿勢も生まれます。つまりは失敗という「事」だけに目を向けて、「誰のせいか」などという「人」にはいっさいの関心を持たないのです。

次に、「失敗したことで新しい情報が得られる」と考えること。トラブルや失敗から何かを学ぼうとする姿勢が身につくのです。

「こうしたトラブルがあると、こんな失敗が生じやすい」

経験を活かしたものの見方やノウハウを身につけることによって、成功を呼ぶことができるのです。

思考パターンを変えることによって驚くほど容易に迷路から脱け出すこともできるのです。

トラブルの被害を最小限にするには

トラブルは、どんなに用心深くしていても起こることです。失敗しないようにしよう、と思っていても失敗してしまうことはあるのです。

失敗学の権威である畑村洋太郎先生は、失敗に対して現実的な防衛策をあげていらっしゃいます。

失敗の防衛策で代表的なのは「被害最小の原理」です。

それは、「失敗というのは起こってしまったら仕方ない」と考え、「その被害をいかに最小にするかを考えましょう」ということ。失敗を成功にかえるウルトラCを狙《ねら》ってはいけません。さらに傷口を広げ致命的な失敗に発展しかねないからです。ここは謙虚に被害を最小にすることを考えなければいけません。

イチかバチかにかけるのではなく、より確実な方法を選択することです。失敗の処理に武勇伝は必要ありません。

「君子《くんし》危うきに近寄らず」

これが、鉄則です。失敗しそうなところから遠ざかること、これが賢い人のやり方です。そうすれば被害も大きくならず、失敗の連鎖も食い止めることができるのです。

さて、次は「仮想仕事の原理」についてです。

これは、「できの悪い人よりも、マイナスの人のほうがよっぽど迷惑だ」という考え方。

同じ時間で半分しかできない人にはその分の仕事だけをやってもらえばよく、10分の1しかできないなら10分の1だけの仕事を与えればいいだけのことです。ここにはなんのトラブルもありません。効率が悪いだけの話です。

しかし、「マイナスの人」には気をつけなければなりません。そういう人は仮に仕事はできても大きなトラブルを呼び込む可能性があるからです。

無謀な人、自信過剰な人、自己主張の強い人、こういうタイプは組織を引っ掻き回し無理な計画を立てようとします。うまくいけば大成功ですがその可能性はきわめて低いものです。したがって、失敗したときに大きなトラブルを引き起こしかねません。

マイナスの人がいるときは、本当に大事なことに対峙している場合、その人を参加させない方法を考える必要があります。

「あなたはすごくいいアイデアを持っているから、その力を3年後の長期計画に役立ててほしい。そちらの部署に移って新プロジェクトを立ち上げてくれ」

そんなストーリーを仕立てあげて、大事な仕事からはずして仮想の仕事にまわす、という考え方をするのです。

最後に「面従腹背《めんじゅうふくはい》」という考え方です。

トラブルになりそうなことがわかっていても、組織やリーダーに反抗すれば、その事態はさらに悪化します。そういうときは、表面上だけは従って行動します。そして、自分が主導権を握れるようになるまで、騒がずに時期を待つのです。

失敗の防衛策

〈現実的な防衛策〉

被害最小の原理

さまざまな方法で失敗を最小のものにする。

仮想仕事の原理

仮想の仕事をつくって失敗を防ぐ。

面従腹背

自分が責任を持てる立場になるまで失敗を騒ぎ立てない。
（リーダーに反抗すると、リーダーが意固地になる）

〈具体的な防衛策〉

- だれかに代わってもらう。
- 自分だけは泥をかぶらないよう、その立場から遠ざかる。
- 失敗が起こりそうなときは、休暇をとる。
- 「会社にとって被害を最小にするために、損切りをしよう」と提言する。
- 別の部署の人に相談する。

自分が本当に意見を主張できるようになったら、改革を実行する。そのときまでは面従腹背の考え方でいいのです。

どんな感情に支配されても理性は残っている

人間は、自分ではどんなに理性的になっているつもりでも感情に支配されていることがあります。

さまざまな論理や思考のパターンを頭では理性的にわかっているつもりでも、感情に流されてしまうことがあるわけです。

しかし、逆に考えると、どんな感情に支配されていても、理性が消失したわけではありません。人間の心のバランスは、とてもよくできています。

また感情だけでも、理性だけでも説明がつかない心理的現象もあります。

「何だか気になる」

「どこかがヘンだ」

そんな「カン」のようなものが働くこともたしかです。

そうした心の動きが、大事な判断を下さなくてはいけないときに、きちんと働いてくれるものなのです。


たとえば、「うまい話は存在しない」ということ。

考えられないような安価の不動産物件、何もしないのに自然に儲《もう》かるというような話、想像もできないような好条件の仕事……。そんな、「うまい話」に飛びつく人がいるでしょうか？

おそらく、ほとんどの人が警戒して誘いに乗ったりはしないでしょう。

「間違いなくワケアリ物件だ」

「完全に裏がある話だ」

などと誰もが思うでしょう。それは、理性が働いているからです。

しかし、その理性が納得したとしても、すべての人が「うまい話」に乗るでしょうか。

多くの人は、次の段階でカンがブレーキをかけます。

「そんな話に乗ってしまってはダメだ！」

無意識のうちにそうした感情が芽生えてくるのです。

うまい話を断っても、ほとんどの人が後悔しません。それは、自分自身で決めたことに素直にしたがったからです。きちんと考えた結果、自分の思った通りに結論を下したという満足感があるわけです。

うまい話というのは、ほとんどが直感通りの「何だかおかしい話」なのです。

「あれ？　何だかおかしいような気がする」

そんな心理になったら、自分の「カン」を素直に信じ、その通りに行動することが大事です。

ストレスと脳内物質の関係

人間は、ストレスを感じると、脳内にあるセロトニンやアドレナリンなどの神経伝達物質を大量に使います。

その結果、「幸せホルモン」と呼ばれるセロトニンが不足して、さらにストレスを感じてイライラがつのります。ときにはうつ状態になってしまうことさえあります。

セロトニンは気持ちを安定させ、幸せ感をより高めることができる物質といわれています。しかし、睡眠不足や過労によって減少してしまうという弱点があります。このセロトニンが減少するとイライラが激しくなり、よりひどくストレスを感じるようになります。ですから、睡眠不足や疲労を感じたときはたっぷり休息を取ることをおすすめします。

イライラしていると、注意散漫になったり周囲の人に対してもイヤな態度をとってしまったりして、すべてが悪い方向に進んだりします。

多少イライラしたときは、早い時期に気分転換をしてストレス発散をしましょう。そうすればトラブルが避けられるようになるでしょう。


ストレスを感じたときは、きちんと食事を摂って十分に休息することが大切です。特に、肉類には、セロトニンの原料になるトリプトファンという物質が含まれているので、肉料理を食べるとストレス解消に役立ちます。

イライラしていると、仕事の打ち合わせや大事なプレゼンテーション、大切な人との交渉事などにも悪影響を及ぼします。人間は、どうしても空腹になるとイライラするので、食事を済ませてから挑みましょう。

反対に、相手の空腹時を避けて会うことにすれば、トラブルが避けられると思います。

いずれにしても頑張り過ぎはイライラの原因。

「過ぎたるは及ばざるがごとし」

何事もほどほどがいいのではないでしょうか。

スランプを脱出する「守り」の勉強

イライラしたり落ち込んだりしたとき、私たちはマイナス思考状態に陥ってしまうことがあります。

「自分はダメだ」

と、どんどん悪いほうに考えてしまい、思い切った方向転換ができません。

しかも、「もうダメだ」というような悲観的認知に陥ると、冷静さをなかなか取り戻すことができなくなり、パニック状態になる人もいます。

その状態から解放されて冷静になるには、まず、「できる」と思える何かを探し、とにかく「できる」という感覚をとり戻す必要があります。

私が提唱する「スランプ脱出法」があります。

「スランプのときには『守り』の勉強（仕事）をしよう」

これです。

たとえば、試験問題ができなくてパニックに陥り、できるはずの問題もまったく解けなくなったとします。そういうときは、まず冷静に、いちばん簡単な問題を探してそこから解いていくのです。まずは「できる」という実感が、悲観的認知から脱出し、冷静さをとり戻せるように手助けしてくれます。

スランプというのは、うつ状態に似た心理的症状のこと。注意力が低下し、いつもより理解力や能率が落ちるのです。そんな状態のときに、

「自分はできない。ダメな人間だ」

と落ち込むと、さらにうつ状態が悪化して悪循環に陥ります。

ですから、そういうスランプのときは、いまから自分がやろうとしていることより、以前の復習をやって「できる」という感覚をとり戻すことです。とにかく「できる」ときのいいイメージを思い出せるキッカケを意識的につくることです。それがキ

ッカケとなり、スランプ脱却の近道といえます。

気持ちが落ち込んでいるときに、新たなことを始めたりチャレンジしたりしても、うまくいかないことが多いでしょう。ですから、これまでに自分がやってきたことを復習することに集中してください。そうすると、次のステップに向かう気持ちがわいてきて自然に前向きになります。

「自分はダメだ。もう終わりだ」

と考えて落ち込むのではなく、

「このミスのおかげで、自分の弱点が見つかってよかった！」

というように、プラス思考で考えるようにすることが大事です。

このとき、注意しなければいけないのは、「前向きにならなくては！」という、プレッシャーを自分にかけないこと。あまり真剣に考えすぎると、できなかったときにさらに落ち込むことになってしまいます。

とにかく、「自分はできる」という思考を大事にして前向きに考え、自分なりに先に進むようにしましょう。

自分の感情に敏感になり、感情を整える

人間は「感情」で動くものです。

これまでにいろいろな思考のパターンや認知の仕方、感情コントロールの方法などをご紹介してきました。トラブルに巻き込まれたとき、大きな失敗をしたときなどに、さまざまな知識を持って冷静に対処できれば、その影響を最小限に抑えることができるでしょう。説明するまでもありません。

しかし、ひとつ頭に入れておいていただきたいのは、「私たちが思っている以上に、判断や考え方は感情に左右されている」

ということ。

「人間は感情で動くものだ」

とわかっていれば、周囲の人の感情の動きを軽く受け流すこともできますし、その結果、悪影響を受けることも少なくなるのです。

トラブルを避け、大きな失敗をしないように暮らしていくために大事なことは、自分の感情をチェックし、感情の動きに敏感になることです。そして、相手の感情にも目を向けて感情を理解し合うことです。そうすれば、無用なトラブルに巻き込まれることは少なくなるのです。

自分の感情と上手につき合い、いい感情を維持して有効活用し、悪感情に振りまわされないように過ごしてください。

悪い感情に支配されていると誤解や勘違いが起こりやすくなります。まわりとの関係が悪くなるだけではなく、結果的に自分がいちばん辛い思いをすることになるのです。

逆にいつでも良い感情を持っていれば、まわりとの関係もよくなり自分自身が幸せを感じることになるでしょう。

感情のあり方次第で幸せにも不幸にもなれることを忘れないようにしてください。

おわりに

本書で私のいっていた、「感情のコントロール」の意味がわかっていただけたでしょうか？

私がもっともいいたかったことは、いわゆる「感情的な人」というのは、感情の豊かな人や、感情を表に出す人ではなく、感情に振りまわされた行動や思考をする人だ、ということなのです。

もちろん、感情のテンションを多少落とすことも必要なのですが、感情そのものをコントロールするより、思考や言動をコントロールするほうが、はるかに益が大きいし、成功する可能性も高いのです。実際、怒っているときに、

「怒ってはいけない」

と思っても、気持ちは簡単に収まらないはずです。悲しいときに涙を止めるのもそ

う簡単ではないでしょう。

しかし、怒りに任せた行動をとることや、悲しみのあまりにどんどん悲観的になっていくのは、ちょっとした自己チェックで防ぐことができるのです。

ただ、この手の自己チェックというものに、人は意外に気がつかないのも確かです。人というのは、知らないうちに感情に振りまわされた行動をするため、さまざまなトラブルが絶えないのでしょう。

そういうことが起こりやすいことやどう対処すればいいのかを知っていれば、かなりそのリスクは減るはずです。

振り込め詐欺にしても、もちろんその手口を聞いているのにひっかかる人がいるのは確かですが、その手口を聞くことでかなりの人が救われている、あるいは、相手を疑うことができるようになっているのも現実です。

そういう点で、本書が必ずみなさんのお役に立てると自負しています。

いちばん大切なのは、実際に試してみることです。

認知療法でも何でもそうなのですが、机上の知識として持っていることより、実際の治療として、そのやり方を使ったほうが、はるかに感情のコントロールが実感できるし、知識が実用的なものになっていくのです。ですから、本書で自分にあてはまると思ったことや、使えそうだと思ったことはぜひ実行に移してほしいと思います。

知識と経験があなたを感情に強い人間にするということを申し添えて本書を結びたいですし、それによって本書があなたのお役に立てれば著者として幸甚この上ありません。

和田　秀樹

一〇〇字書評

切り取り線

購買動機（新聞、雑誌名を記入するか、あるいは○をつけてください）

- □（　　　　　　　　　　　　　　）の広告を見て
- □（　　　　　　　　　　　　　　）の書評を見て
- □ 知人のすすめで
- □ タイトルに惹かれて
- □ カバーがよかったから
- □ 内容が面白そうだから
- □ 好きな作家だから
- □ 好きな分野の本だから

●最近、最も感銘を受けた作品名をお書きください

●あなたのお好きな作家名をお書きください

●その他、ご要望がありましたらお書きください

住所	〒				
氏名		職業		年齢	
新刊情報等のパソコンメール配信を 希望する・しない	Eメール	※携帯には配信できません			

あなたにお願い

この本の感想を、編集部までお寄せいただけたらありがたく存じます。今後の企画の参考にさせていただきます。Eメールでも結構です。

いただいた「一〇〇字書評」は、新聞・雑誌等に紹介させていただくことがあります。その場合はお礼として特製図書カードを差し上げます。

前ページの原稿用紙に書評をお書きの上、切り取り、左記までお送り下さい。宛先の住所は不要です。

なお、ご記入いただいたお名前、ご住所等は、書評紹介の事前了解、謝礼のお届けのためだけに利用し、そのほかの目的のために利用することはありません。

〒一〇一-八七〇一
祥伝社黄金文庫編集長　岡部康彦
☎〇三（三二六五）二〇八四
ohgon@shodensha.co.jp

祥伝社ホームページの「ブックレビュー」からも、書けるようになりました。
http://www.shodensha.co.jp/bookreview/

祥伝社黄金文庫

人生《じんせい》が変《か》わる
「感情《かんじょう》」を整《ととの》える本《ほん》

平成29年2月20日　初版第1刷発行

著　者　和田秀樹《わだひでき》
発行者　辻　浩明
発行所　祥伝社《しょうでんしゃ》
〒101－8701
東京都千代田区神田神保町3－3
電話　03（3265）2084（編集部）
電話　03（3265）2081（販売部）
電話　03（3265）3622（業務部）
http://www.shodensha.co.jp/

印刷所　萩原印刷

製本所　ナショナル製本

Printed in Japan　© 2017, Hideki Wada　ISBN978-4-396-31705-8 C0130

祥伝社黄金文庫

荒井裕樹　プロの論理力！

4億の年収を捨て、32歳でMBA取得に米国留学！　さらに大きくなり戻ってきた著者の「論理的交渉力」の秘密。

植西　聰《あきら》　悩みが消えてなくなる60の方法

あなたには今、悩みがありますか？　心配する必要はありません！　これで悩みが消えてなくなります。

植西　聰《あきら》　弱った自分を立て直す89の方法

落ちこんでも、すぐに立ち直れる人は知っている！　人生の〝ツライこと〟を受け流すための小さなヒント。

沖　幸子　50過ぎたら、ものは引き算、心は足し算

「きれいなおばあちゃん」になるために。今から知っておきたい、体力と時間をかけない暮らしのコツ。

沖　幸子　50過ぎたら見つけたい人生の〝落としどころ〟

無理しない家事、人付き合い、時間使い……。年を重ねたからこそわかる、そこそこ〝満足〟な生き方のヒント。

小石雄一　「人脈づくり」の達人　こんなに楽しい世界があった！

人脈地図の作り方、電子メール時代のお返事作法など、お金も時間もかけずにこれだけのことができる！

祥伝社黄金文庫

斎藤茂太《しげた》
いくつになっても「輝いている人」の共通点
今日からできる、ちょっとした工夫と技術。健康・快食快眠・笑顔・ボケ知らずを目指せ！

斎藤茂太
絶対に「自分の非」を認めない困った人たち
「聞いてません」と言い訳、「私のせいじゃない」と開き直る……。「すみません」が言えない人とのつき合い方。

斎藤茂太
いくつになっても「好かれる人」の理由
人間はいくつになっても人間関係が人生の基本。いい人間関係が保たれている人はいつもイキイキ！

原田真裕美
あなたは出会うべき人に必ず会えます
大人気のサイキック・カウンセラーが贈る、魂が安らぐ、本当の愛の見つけ方!!

原田真裕美
あなたの「つらいこと」が「いいこと」に変わる本
自分らしい「働き方」で幸せになる22の方法
仕事、人間関係、恋愛、お金、将来……。NYで活躍中のサイキック・カウンセラーがあなたの悩みを解決します。

宮崎　学
「自己啓発病」社会
「スキルアップ」という病に冒される日本人
MBA、英語力、法科大学院、IT技術……誰も気づかなかった「スキルアップ」「夢」「成功」の虚妄！

祥伝社黄金文庫

和田秀樹

頭をよくする ちょっとした「習慣術」

「ちょっとした習慣」で伸びる！「良い習慣を身につけることが学習進歩の王者」と渡部昇一氏も激賞。

和田秀樹

人づきあいが楽になる ちょっとした「習慣術」

他人の気持ちを逆なでする「人間音痴」――彼らとどう接する？ また自分がそうならないためには？

和田秀樹

会社にいながら年収3000万を実現する

「10万円起業」で金持ちになる方法

実は、会社に居続けるほうが「成功の芽」を見つけやすいのです。小資本ビジネスで稼ぐノウハウが満載。

和田秀樹

お金とツキを呼ぶ ちょっとした「習慣術」

実は、科学的に運をつかむ方法が存在するのです！ 和田式「ツキの好循環」モデルをこっそり教えます。

和田秀樹

スクールカーストの闇

なぜ若者は便所飯をするのか

「20代の5人に1人が便所飯を経験」驚《きょう》愕《がく》の調査結果が意味するものは？ 若者の歪んだ心理を解読。

和田秀樹

負けない大人のケンカ術

負けぬが勝ち！「九勝一敗より一勝九分のほうがよい」――「倍返し」できなくても勝ち残る方法があった！